圈子
决定位子

孙郡锴◎编著

中国华侨出版社

·北京·

图书在版编目 (CIP) 数据

圈子决定位子 / 孙郡锴编著 .—北京：中国华侨出版社，
2009．11（2025．4 重印）
ISBN 978-7-5113-0029-4

Ⅰ．①圈… Ⅱ．①孙… Ⅲ．人间交往—通俗读物 Ⅳ．① C912.1-49

中国版本图书馆 CIP 数据核字（2009）第 205281 号

圈子决定位子

编　　著：	孙郡锴	
责任编辑：	唐崇杰	
封面设计：	周　飞	
经　　销：	新华书店	
开　　本：	710 mm × 1000 mm　1/16 开　　印张：12　字数：137 千字	
印　　刷：	三河市富华印刷包装有限公司	
版　　次：	2009 年 11 月第 1 版	
印　　次：	2025 年 4 月第 2 次印刷	
书　　号：	ISBN 978-7-5113-0029-4	
定　　价：	49.80 元	

中国华侨出版社　北京市朝阳区西坝河东里 77 号楼底商 5 号　邮编：100028
发 行 部：（010）64443051　　　　　　传　真：（010）64439708

如果发现印装质量问题，影响阅读，请与印刷厂联系调换。

前　言

　　给自己的人生定一个适合你的基调，意味着你能找准人生发展的坐标；在一个你能经营的圈子中找到适合你的位子，意味着你能为施展或发挥才能而插上翅膀。就实际而言，任何人都必然置身于一定的圈子之中，都不可能脱离圈子的舞台而孤立的存在。也可以说，圈子在我们的生活中无所不有，无处不在。

　　各种大大小小的圈子在这个社会上缤纷多姿，交织存在。有的人圈子多，有的人圈子少；有的人是圈子中的"红花"，有的人是圈子中的"绿叶"；有的圈子会慢慢变小，有的圈子也会逐渐变大；有的圈子很封闭，外人难以进入，充满了神秘色彩，也有的圈子松散无序，散漫自由……

　　圈子可以看做是一种构建人脉的载体，也可以说是推进人生发展的重要平台。它的存在能给人一种归属感和安全感，这也是每个人生存和发展的心理需要。简单地说，拥有良好的圈子，你就可以在社会上良好的立足，并顺利的提升自我，而且，能办成别人难以办成的事情，化解别人看似不可逾越的难题。

　　作为不同圈中的一员，你是否经常听到有人抱怨：要进入某个效益好的单位，但苦于在单位内部没人，没人为你牵线搭桥，想进入连门路都没有。

你是否关注这样一些天壤之别的生活——有些人上下班开着奔驰宝马，一些人上下班只能骑着自行车或挤公交；一些人生活无忧，工作轻松，一些人却整天为生活奔波，居无定处；一些人的子女可以出国深造，一些人的子女却因家庭困难而辍学……

不管我们的生活状况是好是坏，我们都可以隐隐约约地感觉到这都是圈子带给我们的。但令人遗憾的是，很多人都没意识到圈子与位子的关系，不同的圈子造就了不同生活的人。圈子虽然是与生俱来的，但要造就良好的圈子，从而利用圈子提升自己的地位，是需要你在成长的过程中努力经营的。那么决定圈子质量的最主要的因素是什么？是出身？是机遇？是性格？归根到底，还是你经营、拓展圈子的能力，以及你对圈子的利用与把握的程度。

随着社会的发展，在人与人的联系越来越紧密的今天，不重视人际关系不行，不重视圈子的维护与经营也不行，因为缺乏良好的人际关系，就不可能形成良好的圈子，而没有良好的圈子，也很难确立适合于你的良好位子，由此，则很难推进你的发展与成功。

本书就试图从圈子与人生的关系角度诠释圈子对个人成长的意义，让你了解圈子，熟悉圈子的经营与拓展技巧，并防患圈中小人的偷袭。从而让你自如地利用圈子提升自己的位子。

目　录

第二章
你的圈子决定你的位子

第三章
建立自己的圈子，保住自己的位子

第四章
经营自己的圈子，提升自己的位子

第五章

扩大自己的圈子，巧妙与人交往

第六章
建立自己的威信，驾驭圈子

第七章

圈子还是圈套，
职场上必须提防的那些人

第一章

圈子是一股强大的力量

对于圈子，我们并不陌生，在我们的现实生活中，每个人都有属于自己的"圈子"。所谓"物以类聚，人以群分"，用时下的语言来说，这个"群"就是我们所说的"圈子"。圈子是一股强大的力量，一个人"圈子"的大小和氛围，将会对他的人生事业产生深远的影响。

圈子与人生的关系

在生活中，我们时常听说"圈子"一词，所谓圈子，简明地说，就是具有相同爱好、兴趣或者为了某个特定目的而联系在一起的人群，实际上就是物以类聚，人以群分。比如汽车发烧友可以加入"汽车圈子"，数码产品发烧友可以加入"数码圈子"等。

其实，圈子大多是人们通过社交途径形成的。圈子的划分，实际上就是对人群进行了一次分类划分，即分众的模式。

在我们时下生活中，我们可以自己为圆心，以不同的组带为半径，就可以划出不同的圈子：以血缘而定的亲人亲戚圈，以交际而定的朋友圈，一起工作的同事圈，此外还可以有同学圈、老乡圈、娱乐圈等，举不胜举。

在社会职业框架上，我们也经常听说过各种圈子：演艺圈、体育圈、学术圈、政治圈……

圈子在我们的生活中无处不在。

各种大大小小的圈子在这个社会上交织存在，各色人等也就生活在各种各样的圈子中。有的人圈子多，有的人圈子少；有的人是圈子中的重要人物，有的人就是跟着人家混；有的圈子慢慢变小了，有的圈子却逐渐变大了；有的圈子很封闭，外人难以进入，充满了神秘色彩，也有的圈子松散无序，散漫自由……

圈子的存在给人一种归属感和安全感，这是每个人生存的心理需要。

在人们的日常生活中，圈子是一个非常重要的关键词。

当一个人置身于社会这个系统中，或主动自觉加入一个圈子，或无意识地卷入一个派系，或纯粹是被别人当做是某某的"人"，多多少少都会被归类和被贴上标签。一个圈子就是一股势力，要想完全置身事外，其结果很可能就是被边缘化了：上边没有人照顾你，下边也不会有人追随你，孤家寡人一个，既成不了气候，也就难以施展自己的抱负。"朝中有人好做官"——被人推荐赏识和提拔后，只要不违背大的原则，你就应该站到这个人的队伍中，如左右摇摆，不但会被这个圈子抛弃，也很容易被别的圈中人所不齿，也就很难混下去了。

对圈子的研究和经营，应该成为人最重要的基本功之一。小人物要选好圈子，设法投靠加入，并逐渐在其中提升自己的地位；大人物要组建经营好自己的圈子，形成自己的资本和势力；高层的领导者则要平衡好各种圈子：让其存在并竞争，但不能容忍其中某一支势力太大，以致威胁到自己的地位。

就圈子的组建和形成的目的而言，可以分出一定的层次来：

第一层面是志同道合。这是一群为共同理想或事业而结合在一起的"君子"，在共同理想的指引下，他们会紧紧地团结在一起，不怕苦、不怕累，他们会互相欣赏和支持，同气相求，他们也会为了达到自己的目的而采取一些必要的手段，但他们的目的基本上不是为了自己的私利，而是为了整个集团的发展，从集团或公司的发展中，实现自己的价值，从而造福社会。

第二层面就是为了某一利益而结合的集团。这部分的人物相对前一部分来说，要"低级"一些，他们没有实现自己价值，造福社会的远大理想，他们只为个人的利益而生存、奋斗着，客观地说，这些人并不是一开始就胸无大志、自甘平庸的。初出道时，他们也同样有理想有追求，是想干事业的热血青年。但理想往往在现实面前被击碎，几番碰壁和挫败之后，他们无力改变现状，于是畏难而退，变得世故和圆滑起来。人生沉浮，理想很难实现，他们开始明哲保身，而且，经过多年的为官生涯，他们已经变成了大大小小的既得利益者——要保住这一切，他们免不了要媚上欺下，左右逢源，见风使舵……一句话，棱角被打磨掉了，他们庸碌但圆润，不求有什么大的成就，但求在社会上浑浑噩噩地生活着。

第三个层面就是结党营私的小人集团。他们为了自己的私利，无所不用其极，甚至去干一些违法的勾当，这一集团应该坚决予以抵制，也是法律所不容的。

对于这三个层面的圈子，我们应努力做第一层面的人，去寻找一群志同道合的朋友，为共同理想而奋斗；对于第二层面，我们应持观望态度；对于第三层面，我们应该坚决抵制。

圈子是我们安身立命的根基

在现代社会里，要想混得好，必须拥有良好的人际关系，但光有良好的人际关系，而不善于把这种良好的人际关系变成你的圈子，还是不够的。关系只意味着你和某几个人关系好，而圈子的建立具有很强的目的性，可以最大限度地团结一部分人，在这个圈子中实现利益和信息资源的共享。圈子中的相互帮助和人际关系要比你独自找一个好朋友拉关系要有效得多。

目前，圈子在社会上无处不在，歌星、影星、笑星相互搞点节目爆点猛料，这叫娱乐圈；为了形成规模效应，众多商家云集一地，这叫商圈；同样，搞政治的，大多数都是以政党的形式出现在政坛上，这个所谓的政党就是"政圈"的代名词而已。

你看，演艺圈、商圈、政圈……诸如此类，但凡与"圈"沾上点边儿的，跻身其中，"身份"马上就会变得不同。你嗤之以鼻也好，荣辱不惊也罢，骨子里多少有些喜出望外，毕竟说明你在"圈子"中已有了位置，获得初步承认，从此，你便可以"圈内人"的身份出席各种场合，说说道道、指指点点，甚至于耀武扬威了。

媒体上经常有个词，叫"圈内人"，也就相当于"自己人"的意思。不是自己人，当然什么也不好办，打不进圈子内部，你就是浑身是胆，也只不过算个散兵游勇，很难大红大紫。武林中人，都要拜师，一是为了学艺，二来也是为了有所归依。拜了这个师，也就等于入了这个门，从此以后就再也不是孤家寡人了。

进入某个行业中的一个圈子，是我们在这个行业取得成功的前提，试想，如果武则天没被选进皇宫，她能当上女皇帝吗？由此可见，所有的交流、提携，甚至争斗，都是在圈内发生的，进不了圈子，这一切就与你无关；与圈的核心越近，你就越有可能得到核心的提拔，甚至成为核心。

可见，物以类聚，人以圈分，一个人想要在社会上立足，非得有一个自己的圈子不可。

《水浒》中的一百单八将，如果都是散兵游勇，对大宋不会构成真正的威胁。你武松能打，打得过我的千军万马吗？你吴用善谋，没有兵马供你调遣，很多好的谋略也只能在你脑中想一想，没有施展的机会。但是当这些散兵游勇联合起来后，大宋的江山就岌岌可危了，别说是武松、吴用等人，就连一个只知道偷鸡摸狗的时迁恐怕就够你大宋对付一阵子的了。

刘备在还没有完全建立起自己的圈子之前，论运筹帷幄不如诸葛亮，论带兵打仗不如关羽、张飞、赵云，但他有一种别人不及的优点，那就是一种巨大的协调能力，他能够吸引这些优秀的人才为他所用，建立以自己为核心的圈子，凭借着圈子的力量，才有了三分天下的实力。

楚汉之争的故事，我想大家一定耳熟能详，项羽是"力拔山兮气盖世"的理想英雄，若在今日的中国，定是少男少女崇拜的对象，刘邦却是"好酒及色"之徒，连结发之妻都厌恶他的为人。但在楚汉之争中，刘邦屡败屡战，垓下之战一胜而平定天下；项羽百战百胜，垓下之战一败而身死人手，为天下笑。原因何在？仍然是圈子在决定着他们的命运。

汉高祖刘邦平定天下之后，在洛阳的庆功宴上就曾说过这样的话：

"夫运筹帷幄之中，决胜千里之外，吾不如子房；镇国家，抚百姓，给馈饷，不绝粮道，吾不如萧何；连百万之军，战必胜，攻必取，吾不如韩信。此三者，皆人杰也。吾能用之，此所以取天下也。项羽有一范增而不能用，此所以为我所擒也。"汉高祖刘邦之所以能一统天下，是因为他重用了一些在某些方面比自己能力更强的人，他把取得天下的原因归之于自己善于经营圈子，可谓一语中的。

或许你会说，现在都什么时代了，过去的那一套行不通了，现在是凭能力吃饭，我自己有本事还愁没饭吃？也许你说得对，但不可否认，在这世界上，有才华的穷困潦倒之人并不在少数，或许他们正在为一日三餐而发愁呢。他们为什么在这个标榜能力至上的世界里至今仍然没有脱贫呢？原因很简单，缺的可能正是圈子吧。

而某些成功人士，正是有意无意地运用了圈子的生存法则，才得以一步步地走向成功的。

被誉为美国钢铁工业之王的卡内基说过："你可以将我所有的工厂、设备、市场、资金全部夺去，但只要保留我的组织和人员，几年后，我仍将是钢铁大王。"

卡内基的话反映了一个西方资产阶级企业家经营圈子以及利用圈子为自己创造财富的能力，即他们认识到，圈子的因素是最重要的。

卡内基死后，人们在他的墓碑上刻上了这样一首短诗：这里安葬着一个人，他最擅长的能力是，把那些强于自己的人，组织到为他服务的管理机构之中。

现在社会上同学会很盛行，仅在北京大学，各种各样的同学会就不下几十个。据说其中有一个由金融投资进修班学员组成的同学会，仅有

200 余人，但他们控制的资金却高达 1200 亿，颇为惊人。据说是中国最好的工商管理学院之一的上海中欧工商管理学院，除了在上海本部有一个学友俱乐部外，在北京还有个学友俱乐部分部。人大、北大、清华等名牌大学在北京、上海、广州、深圳都有同学会或校友会分会。在这些地方，形形色色的同学会多如恒河沙数。

周末的时候，到北大、清华、人大等校园走走，会发现有很多看上去不像学生的人在里面穿梭游走，其中有许多人是花了大价钱从全国各地来进修的。学知识是一方面的原因，交朋友是更重要的原因。对于那些"成年人班"，如企业家班、金融家班、国际 MBA 班等班级的学生，交朋友可能比学知识更加重要，有些人唯一的目的就是交朋友。一些学校也看清了这一点，在招生简章上就会直白地告诉对方：拥有某某学校的同学资源，将是你一生最宝贵的财富。

越来越多的人认识到，拥有一个良好的圈子，能拓展未来的前景或前途。

这就是"圈子"的威力。

圈子是我们的聚宝盆

你的"人生存折"中，除了金钱、专业知识，你有多少富有价值的人际圈子？你的"人际竞争力"有多少，斯坦福研究中心曾经发表一份调查报告，结论指出：一个人赚的钱，12.5% 来自知识，87.5% 来自关系。关系只是面对个别人的，而圈子却是关系的扩大化。

圈子可以为你带来巨大的财富。世界一流人脉资源专家哈维·麦凯就是巧妙地利用圈子中的人脉关系找到他的第一份工作的。

当时的大学毕业生很少，哈维·麦凯自以为可以找到最好的工作，结果却并不尽如人意。好在哈维·麦凯的父亲是位记者，认识一些政商两界的重要人物，其中有一位叫查理·沃德。查理·沃德是布朗比格罗公司的董事长，他的公司是全世界最大的月历卡片制造公司。4 年前，沃德因税务问题而服刑。哈维·麦凯的父亲觉得沃德的逃税一案有些失实，于是赴监狱采访沃德，写了一些公正的报道。沃德非常喜欢那些文章，他感激涕零地说，在许多不实的报道之后，哈维·麦凯的父亲终于写出了公正的报道，为他伸张了正义。

出狱后，他问哈维·麦凯的父亲是否有儿子。

"有一个在上大学。"哈维·麦凯的父亲说。

"何时毕业？"沃德问。

"正在找工作，他刚毕业。"

"噢，那正好，如果他愿意，叫他来找我。"沃德说。

第二天，哈维·麦凯打电话到沃德办公室，开始，秘书不让见，后来几次提到他父亲的名字，才得到跟沃德通话的机会。

沃德说："你明天上午 10 点钟直接到我办公室面谈吧！"第二天，哈维·麦凯如约而至，不想招聘会变成了聊天，沃德兴致勃勃地聊起哈维·麦凯的父亲的那一段狱中采访，整个过程非常轻松愉快。聊了一会儿之后，他说："我想派你到我们的'金矿'工作，就在对街——'品园信封公司'。"

在街上闲逛了一个月的哈维·麦凯，现在站在铺着地毯、装饰得金碧辉煌的办公室内，不但顷刻间有了一份工作，而且还是在"金矿"工作。所谓"金矿"是指薪水和福利最好的单位。那不仅是一份工作，更是一份事业。哈维·麦凯在品园信封公司工作当中，熟悉了经营信封业的流程，懂得了操作模式，学会了推销的技巧，积累了大量的人脉资源。这些人脉成了哈维·麦凯成就事业的关键。42年后，哈维·麦凯成为全美著名的信封公司——麦凯信封公司的老板。他说："感谢沃德，是他给我的工作，是他创造了我的事业。"当然，这也正是哈维·麦凯利用人际圈子获得了一个好机会。

上海威顺康乐体育咨询有限公司董事长兼总经理吴樾华直言自己有两三千个朋友，每年都会见三四次的有1500多个，而经常联系的就有三四百人。目前吴樾华的个人资产已经超过8位数。吴樾华感言，自己的事业是因得到圈内朋友的"照顾"才会如此顺利，"包括开公司、介绍推荐客户和业务等，各种朋友都会照顾我，有什么生意都会马上想到我。"

在朋友的推荐下，从1999年到2000年，吴樾华开始涉足房产业。当时上海的房市非常热，很多楼盘都出现了排队买房的盛况，而且有时即使排队也不一定能买到房。吴樾华通过朋友不仅买到了房，而且还是打折的。

最好的时候吴樾华手中有十几套房产。2004年，政府开始对房产行业实施限制政策。吴樾华听从朋友的建议将房产及时变现，收益颇丰。

人们成功机遇的多少与其交际能力和交际活动范围的大小几乎是成

正比的。因此，我们应把运用圈子与捕捉成功机遇联系起来，充分发挥自己的交际能力，不断建立和扩大自己的圈子，发现和抓住难得的发展机遇，进而拥抱成功！

圈子是信息传递的场所

圈子是由许多不同的人组成的，你认识的人越多，你的圈子越大，信息更新的速度也越快，掌握的信息也越广泛、越准确。在这个信息发达的时代，谁拥有准确、丰富的信息，谁就拥有更大的发展机遇。那么信息从何而来呢？圈子便是信息传递的场所，是成就事业发展的平台。

信息的重要性在股市及证券市场上表现得尤为突出，在股市上成功的人士很善于利用自己的交际圈来收集信息。1815 年，正当欧洲债券市场随着滑铁卢战役的发展而动荡起伏时，内森是罗斯柴尔德的儿子，他在证券交易所上曾上演过空前绝后的一幕。由于内森在交易所里是举足轻重的人物，而交易时他又习惯靠着厅里的一根柱子，所以大家都把这根柱子叫"罗斯柴尔德之柱"。现在，人们都在观望着"罗斯柴尔德之柱"的一举一动。

就在昨天，英国和法国进行了关系两国命运的滑铁卢战役。如果英国获胜，毫无疑问英国政府的公债将会暴涨，反之必将一落千丈。

因此，交易所里的每一位投资者都在焦急地等候着战场上的消息，只要能比别人早知道一步，哪怕半小时、十分钟，就可趁机大捞一把。

战事发生在比利时首都布鲁塞尔南方，与伦敦相距很遥远。

因为当时既没有无线电，又没有铁路，除了某些地方使用蒸汽船外，一般要靠快马传递信息。而在滑铁卢战役之前的几场战斗中，英国均是败仗，所以大家认为英国获胜的希望不大。这时，内森面无表情地靠在"罗斯柴尔德之柱"上开始卖出英国公债了。"内森卖了"的消息马上传遍了整个交易所，于是，所有的人毫不犹豫地跟进，瞬间英国公债暴跌，内森继续面无表情地抛售。

正当公债的价格跌得不能再跌时，内森却突然开始大量买进。交易所里的人被弄糊涂了，这是怎么回事？内森在玩什么花样？追随者顿时方寸大乱，纷纷交头接耳，正在此时，官方宣布了英军大胜的消息。

交易所内又是一阵大乱，公债价格持续暴涨。而此时的内森却悠然自得地靠在柱子上欣赏这乱哄哄的一幕。

表面上看，内森似乎在进行一场赌资巨大的赌博。如果英军战败，他岂不是损失一大笔钱？实际上这是一场设计精密的赚钱游戏。滑铁卢战役的胜负决定英国公债的行情，这是每一个投资者都十分明白的，所以每一个人都渴望比别人抢先一步得到官方情报。唯独内森例外，他根本没有想依靠官方消息，他有自己的交际圈，从这个交际圈中他可以比英国政府更早了解到实际情况。

原来罗斯柴尔德的 5 个儿子分布在西欧各国，他们视信息和情报为家族生存的命脉，所以很早就建立了横跨全欧洲的专用情报网，并不惜花大价钱购置当时最快最新的设备，从有关商务信息到社会热门话题无一不晓，而且情报的准确性和传递速度都超过英国政府的驿站。正是因为内森凭借血缘关系建立起来的这个高效交际圈，才使他比英国政府抢先一步获得滑铁卢的战况。

谷歌原总裁李开复是一个内向的人，他在刚进入微软期间，为了建立自己的圈子，竟然给每一个高级职员发送请帖，每次邀请一个职员共进午餐。当记者问他为何要那么做的时候，他说，和人交际本来不是他擅长的事，他这样做完全是为了能真正融到微软的圈子里去，只有融入了这个圈子，才能获得更多、更准确的信息。

商业人物注意利用圈子收集信息，政治人物也是如此。

国民党荣誉主席连战，不仅是重要的政治人物，还坐拥数百亿新台币的资产。连战与其父连震东在投资股票和房产时，巧借圈内人的信息和分析，避免了投资失误，从而使得个人财富不断升值。因为他们知道个人掌握的理财知识和理财信息是非常有限的，而多结交几位这方面的良师益友，便可以开阔自己的视野，提高自己的水平。从台北中小企业银行的董事长陈逢源，到彰化银行董事长张聘山，这些精英人士都是连震东的老乡或同学，他们彼此都非常了解。连家通过广泛的人际圈子，获得了准确广泛的投资信息，较好地选择了投资方向，避免了投资失误造成的损失，其个人资产因此而不断增加。

圈子就是一个信息传递的特殊"媒体"，并且这种口碑效应远比广告真实有效而令人信服。

有一种洗发水做了如下广告："我告诉了两个人，她们又告诉了另外四个人……"接下来屏幕上出现了数不尽的女性，个个拥有漂亮而干净的秀发。女人因为从自己的交际圈里获得了美化自己的信息，知道了美发的奥秘；商人因为从自己的交际圈里了解到更多的商业信息，获得了市场与机遇。时下流行的安利、雅芳等品牌的直销模式就是通过圈子来进行产品销售的。

当你与人沟通、分享资源并建立起一个庞大的人际圈子时，你会发现这不仅使你有能力管理自己的生活，更能让你充分享受生活，并应付其中的变化。

是的，在现今这样一个信息化社会里，一个人思考的时代已经过去了，能否建立为你提供情报的品质优良的人脉网，当为决定事业成败的关键。

圈中人好办事

办好事是一门很深的学问，想办好事，当然需要你个人的能力，但光凭个人能力是很难成功的，所以，借别人的力办事，让别人成为你办事的阶梯，才是最佳的成事方法。

一般来说，要办好一件与你职权范围相关的事，往往轻而易举，而与你毫不相关，你连如何办、用什么方法办都不知道的事，恐怕就比登天还难了吧。比如，一个好朋友求你帮他请某个明星签个名，而你在铁路部门工作，对你来说帮他搞一张紧张的火车票会轻而易举，因为你就生活在铁路这个圈子里，容易办成此事；而要你向一个明星索要签名，你又不生活在他的那个圈子里，而且对娱乐圈毫不知情，这样要签名，你只好傻乎乎地跟着一群星迷去寻找时机排队了。

所以说，圈中人好办事，只要你生活在这个圈子里或者你有人脉关系在这个圈子里，就能容易办成相关的事。

世界首富比尔·盖茨在他 20 岁时签到了第一份合约，这份合约是跟当时全世界第一的电脑公司——IBM 签的。

当时，他还是位在大学读书的学生，没有太多的人脉资源。他怎能钓到这么大的"鲸鱼"？可能很多人不知道，原来，比尔·盖茨之所以可以签到这份合约，有一个中介人——比尔·盖茨的母亲。比尔·盖茨的母亲是 IBM 董事会的董事，妈妈介绍儿子认识董事长，这不是很理所当然的事情吗？比尔·盖茨签到 IBM 这个大单，奠定了他事业成功的第一块基石。

比尔·盖茨正是凭借母亲这个圈子认识了 IBM 董事会的董事长，试想，如果比尔·盖茨没有他母亲这个圈子，他连见一见 IBM 的董事都难，就算他有天大的本事，没有地方让他施展，他也不可能成功。

看到比尔·盖茨凭借母亲的圈子认识了 IBM 的董事并最终做成了第一笔生意，有些人可能会有借口了，他们会认为我就生活在一个普通得不能再普通的家庭，既没有认识董事长的亲戚，也没有认识贵人的朋友，我没成功是因为我机遇不好。

权威机构的研究表明：你和世界上的任何一个人之间只隔着四个人，不管你想认识的人身居何处，在哪个国家，属于哪个人种，何种肤色，而且前提是你、你想认识的人以及你们中间隔着的四个人肯定有着理所当然的联系，不用惊奇，你和布什或者拉登之间也只有四个人，而且这个奇妙六人链中的第二个人，竟然是你认识的人，也许是你的父母，也许是你的大学同学，更也许是办公室里每天帮你抹桌子做清洁的阿姨……仔细想想，通过做清洁的阿姨的人际脉络网竟可以让你联系到布什，这是不是很奇妙？

机遇和贵人是在适当时候出现的适当的人、事、物的组合体。我们无法控制这种完美的巧合何时出现，唯一的可能是通过控制自己的圈子来给自己制造更多的可能。

圈子好比是一只八脚章鱼，每一只八脚章鱼每一天每一分钟都在不停地集合着、交错着，只是我们自己常常不自知、不在意，常常和贵人擦身而过！不要只看着人脉中的显贵，太过看重显贵会忽视其他更多的普通人。在适合的时机，即便一个普通人也可以扭转乾坤，成为你的"大贵人"！

但也不要毫无限制，毫无选择性和原则性地扩大圈子。就算收集了一大堆名片，也不等于朋友遍天下，毫无诚意的点头之交等于零，人脉尚需长时间的积累和沉淀。现在开始从头审视你的人脉圈子，诚心对待，建立属于你的贵人缘。

圈子是你命运的共同体

你拥有什么样的圈子，对于人生的命运有着重要影响。比如同一个工厂生产的两个同样的盘子，一个可能成为招待贵宾的用具，一个可能成为喂猫喝水的用具。盘子的质量是一样的，可是它们的作用和命运却大相径庭，这是因为所处的圈子不同。姜子牙在乡下只是一个隐士，以耕耘、渔猎为生，到了周文王集团，就成长为中国历史上有名的政治家、军事家。这是找到了适当的位置。洪秀全一个科举不中的穷书生，通过"拜上帝会"这个圈子结交了一帮朋友，建立了太平天国，竟然动摇了朝廷的根基。

良禽择木而栖。圣人说："危邦莫入。"古代君王也把"卜居"当做关乎国家兴衰荣辱、生死存亡的大事。

民间传说中，由动物修炼而成的妖精，比如狐仙什么的，在将要成道的时候，会遭遇到雷劫。这时，聪明的妖精就会跑到一个贵人的家里躲藏起来，使雷神投鼠忌器，放它一马。运气也在于自己的选择，要选择一个交好运的环境。

打狗要看主人面。庙里的狗，人家都不敢随便打呢！所以《天龙八部》里，崔百泉为了躲避仇家，就聪明地托身在大理段王爷府上。选择一个城市、一种职业，都是选择在哪里做窝。我们首先应该做的，是把窝挪到大树上去，从灌木丛中乔迁到参天大树上去。环境、时势不但造就英雄，而且，环境还实在是生死攸关！

选择，不是可以交给别人做的事情，而是你必须自己亲自做的事情。要把选择权牢牢地掌握在自己的手里。每天早上，你可以选择穿着体面地出去，也可以选择衣着邋遢地出门。这都在于你自己的选择！

人很容易受环境的影响。《引爆流行》一书专门论述了"环境威力法则"，环境的威力是巨大的。"破窗理论"说：如果有人打破了一栋楼上的一块玻璃，又没有及时修复，别人就可能受到某种暗示性的纵容，去打碎更多的玻璃。有一句中国的俗语"破罐子破摔"，说的就是类似的道理。

如果把一匙酒倒进一桶污水中，你得到的是一桶污水；如果把一匙污水倒进一桶酒中，你得到的还是一桶污水。一粒老鼠屎坏了一锅粥，不慎细行终累大德。几乎在任何组织里，都有几个难弄难搞的人物，他们存在的目的似乎就是为了把事情搞糟，把自己搞臭。最糟糕的是，他们就像果箱里的烂苹果，如果你不及时处理，把它丢掉，就会迅速传染，把其他苹果也弄烂。"烂苹果"的可怕之处在于它那惊人的破坏力。一个正直能干的人进入一个混乱的部门，可能会很快被吞没，一个无德无才者也能很快将一个高效的部门变成一盘散沙。破坏比建设容易，你辛苦种了一年的菜地，野猪可能5分钟内就毁掉了它。使人疲劳的不是远方的高山，而是鞋子里的一粒沙子。

俗语说：男怕入错行，女怕嫁错郎。到了不好的单位，费尽移山心力也得不到什么利益。所以要换单位啊。当然你也可以把不好的单位改造成好的单位，把小的单位创造、营造成大的单位，但首先你得先成为老板，而且付出的代价实在太大了。嫁汉嫁汉，穿衣吃饭。从前的女人把自己的男人当依靠，嫁错了便误了自己的终身。当然你也可以把不好的男人教育改造或者劳动改造成好男人，但难度毕竟太大了。要慎重选择托身的地方啊！

秦始皇的宰相李斯信奉"老鼠哲学"：厕所里的老鼠吃的是肮脏东西，而且为能吃到这些脏东西，还得躲躲藏藏，生怕被人发现，而米仓里的老鼠可以大大方方吃大米，不必担心被人发现。老鼠爱大米，你要从厕所搬到粮仓去。小池塘里是钓不到大鱼的——无论你放什么诱人的鱼饵。到鱼多的地方去钓鱼，要钓大鱼必须到大江、大湖、大海里去。要成为大人物必须到大环境中去。不能老死在"庙小妖风大、池浅王八多"的地方坐井观天。

《庄子》里有一个故事：宋国有一族人，专做漂白布匹的生意，他们有祖传的药方，冬天搽在皮肤上，可以使皮肤不干裂。有个路过的客人，用百金买了秘方，把它献给了吴王。吴王在冬季对越国发动了战争。吴王的军队用了这种药，不生冻疮，打了胜仗。吴王于是封赏了大块的土地给献出秘方的人。同样一种药，可以用来在漂白布匹的时候润肤，可以用来换得百金，可以用来打胜仗，可以用来得到列土封疆的封赏。圈子也是一样，有人把圈子作为休闲和消遣的场所，有人把圈子作为个人向上爬的工具，目的不同，经营的手段不同，从中获得的结果也会不一样。

一块普通的钢板只值 5 美元；如果制成马蹄掌，它就值 10 美元；如果做成钢针，就值 3550.8 美元；如果把它做成手表的摆针，价值就可以攀升到 25 万美元。使用方式不同，制成不同的东西，就会使它的价值天差地别。

一位禅师为了启发徒弟，就交给徒弟一块石头，让他去蔬菜市场试着卖掉它。禅师说："不要真的卖掉它，多问一些人，看看在蔬菜市场它能卖多少钱。"在菜市场，许多人看到石头想：最多可以放到鱼缸里做个小摆设。于是他们出了价：只不过几个铜钱。

第二天，禅师又让徒弟带着这块石头去黄金市场卖。当晚回来，徒弟很高兴，说："哇！师父，太棒了，他们竟出价 1000 钱！"

第三天，禅师又叫徒弟带石头到珠宝市场去卖。徒弟简直不敢相信，他们竟出价 5 万钱！他当然坚决不卖，珠宝商们更来劲了，竞相抬高价格——他们出到 10 万，20 万，30 万，最后干脆说："你要多少就给多少，只要你卖！"

第四天，到了古董市场，石头更被传说为无价之宝，是第二个"和氏璧"。那可是秦昭王愿意拿 15 座城池来交换的国宝啊！根本就没有人敢出价！

改变圈子就可以改变自己的价值！我们今天在哪里卖石头？

防范圈子中的陷阱

圈子的建立是因为某种利益或情感的需要。有些人加入一个圈子就是只为个人利益，损害圈子其他成员的利益，他们在情感的伪装下，行着个人的私利，设着阴暗的陷阱，这种行为不易发觉，我们尤其应引起重视。

武东福是湖南衡东现代节能工程有限公司董事长。他是个绝顶聪明的人，也是个白手起家的典范。早在 20 世纪 80 年代初，某国防工办搞乳化炸药承载体的实验，请了许多的专家学者也没有成功。只有小学文化程度的武东福听到信息后主动请缨。那是一个火热的年代，是一个需要冒险精神的年代，某国防工办答应了他的请求。要是放到如今，这真是一件无法想象的事情！武东福竟也就将这个众多专家学者也没有搞成的东西搞成了。武东福因此声名大噪，广播有声，电视有影，连中央电视台都来做了专题报道。因为搞的这个乳化炸药承载体与节能有某种技术上的联系，武东福顺势成立了一个节能工程公司。仗着武东福的"名人"效应，公司很快就红红火火。"湖南省第一个百万富翁"、"湖南首富"的帽子落到了武东福的头上。武东福想自己能有今天，全凭与自己一起打天下的那帮农民兄弟的帮助，现在自己富了，他不能亏待了这帮农民兄弟。

武东福成功之后，想着法子帮着他的那些兄弟。他在自己的节能公司底下成立了十几个分公司，好兄弟一人一个。他规定这些分公司只需要向上级公司交一些象征性的管理费，其他赢利都是自己的。这些兄弟怎么回报他呢？他们开始还严格按照规定办事，按期上交管理费，慢慢就有人看出武东福仁慈、好说话，于是管理费不交了，管理费慢慢变成了白条。武东福从来没有要求过他们将白条兑现。不但管理费不交，这些"兄弟"还想方设法从武东福的总公司弄钱。他们要求武东福担保贷款，武东福总是有求必应。再后来，这些兄弟算是看清楚了武东福，认为他是一个软弱无能的人，并且吃定了他。为了照顾与自己一起打江山的这帮农民兄弟的面子，在武东福经营公司的这些年里，衡东现代节能工程公司从来没有向外面招聘过一个高级管理人员和大学生。他的理由是："这些人进来之后，会看不起我这帮农民兄弟。"

武东福还是一个非常讲社会责任感的人。在衡东当地，到处都竖满了刻有武东福名字的功德碑，几乎每一块碑后，都是一大笔捐款。武东福在公司成立最初，就做出了一个决定：凡是自己获得了 1 块钱的利润，就必须无偿地捐出 8 毛钱给社会，自己只留下 2 毛钱用于发展。不但自己这样做，他同时要求分公司经理，他的那些"农民兄弟"必须三七开，赚一块钱，自己只可留 3 毛，7 毛要捐给社会。这些兄弟们做得到做不到他不知道，反正他自己是严格做到的。

武东福的企业办了十几年，这样靠义气经营的企业，自己的账上竟然没有一分钱的积蓄。分光用尽的办企业方式，企业的发展后劲可想而知。湖南省衡东现代节能工程有限公司在经过最初几年的红火之后，很快就陷入了困境。由红火而至平淡，由平淡而至落寞，可叹武东福竟毫不自知。就是在他最困难的时候，他还捐出了 100 多万元去帮助穷人。

武东福很快变成了一个穷人。2000 年 8 月，武东福因为一张别人拿来抵债的价值 2 万元的虎皮被警方拘捕，入狱 4 个月。当他出来后，发现自己昔日的那些兄弟早已作鸟兽散，十几家分公司只有两家分公司的兄弟还在坚定地等着他，要与他一起东山再起。武东福心灰意冷，将他们尽行遣散，不但如此，他还坚决地与自己几十年来相濡以沫的妻子办理了离婚手续。他的理由是：自己已然如此，何必还要连累别人。

说到底，武东福是落在"义气"、"感情"的陷阱里不能自拔。武东福，做人是个绝对的好人，但是用这样的办法来处理与圈子中人之间的关系则非垮不可。"但愿君心似我心"这样的事，在利益圈子里哪里去求？他也没有理由要求别人这样做！如果武东福早生个千把年，比如说在大宋时代，在水泊梁山，武东福绝对是个一等一的好汉。但是在今天，在对利益高度关注的现代背景下，我们必须对圈子的性质有一个准确的判断，如果一个圈子是因为利益而结盟的，我们无法改变它的性质，只有尊崇规矩办事，才是根本。

第二章

你的圈子决定你的位子

卡耐基说过，人生事业的成功，取决于 85% 的人际关系和 15% 的专业技能。在社会生活中，不在于你懂得多少，而在于你认识什么样的人，你社交圈的优劣程度将决定你将来的前途。每个人都很难独自成功，建立或加入一个良好的圈子，将对你的一生产生重要的影响。

与圈中人交往就是要博采众长

博采众长，就像金庸的小说里有一种非常厉害的功夫"吸星大法"一样，能在与敌交手之际将其内力尽数吸走。这种神功在现实中是不存在的，但是它的道理却可以启发我们，要想扩大自身的知识和本领就必须采取"吸星大法"式的手段，博采众长，为我所用。

"吸星大法"要求习武之人在修炼这门神功之前必须将自身内力尽数化去，造成体内的一种"虚"境，这样，遇到了其他有内力的人，才会产生强大的吸力。在人际交往里，博采众长也是要自己虚怀若谷，虚心向圈中人学习，吸取他人的长处，来弥补自己的不足。

首先要认识你自己，发现自己的长处和不足，这样我们才能有选择地同人交往。

有的人适合行政，有的人适合经商，有的人适合当老板，有的人适合做公关。古希腊戴波伊神庙刻着这样的铭文——"认识自己"。只有认识了自己，才能在现实中趋利避害，扬长避短，变被动为主动，化劣势为优势，从而在自己的圈子中脱颖而出。

俗话说"知人者智，自知者明"，那就是既不高估自己也不低估自己。在认识自己的基础上，知道自己有哪些长处和弱点，这才是博采众长的基础。

年轻的彼得·詹宁斯是美国 ABC 晚间新闻的一名小办事员，他虽然连大学都没有毕业，但是却把事业作为他的教育课堂，在参加工作之初，他就认识到自己理论知识和实践经验的不足，他时刻都把向书本学习和向别人学习结合起来，在工作时他常常会注意别人的工作方法与技巧，时不时地与同事交流工作的心得，工作之余，他也不忘学习书本上的理论知识，在一次工作评比中，经理给他的评价就是，"你的创造性不足，但是善于向别人学习；你能很快地将别人的经验或者做法学过来，再转化为自己的做法，而且往往还能比别人做得更好些。"就凭着这种善于学习的习惯，他由一名小办事员成了 ABC 晚间新闻当红主播，当了 3 年主播后，他毅然决定辞去人人艳羡的主播职位，决定到新闻第一线去磨炼，干起记者的工作。他在美国国内报道了许多不同路线的新闻，并且成为美国电视网第一个常驻中东的特派员，后来他搬到伦敦，成为欧洲地区的特派员。经过这些历练后，他重新回到 ABC 主播的位置。此时，他已由一个初出茅庐的年轻小伙子成长为一名成熟稳健、广受欢迎的记者。

博采众长，就是把别人的优点变成自己的优点，以此来弥补自己的不足。有人说别人就是自己的一面镜子，这就是说从别人身上能看到自己的缺陷以及还要改进的地方。无论在生活中，还是在职场上，都要博采众长，为我所用，要学会博采众长，必须做到以下几点：

1. 学会欣赏人。欣赏人是博采众长的基础，试想，一个不会欣赏他人的人，还会向别人学习吗？

2. 细心观察，敏锐感知，认真思考。仅有欣赏人的愿望还不够，还要学会细心观察；观察要有目的，才能敏锐地感知；只是看到了、听到了、感觉到了还不够，还要经过思考，提升出其中能够供你采集、借鉴的内容。

3. 通过交流和交谈来学习。与自己水平相当或比自己水平高的人就双方共同感兴趣的问题进行交流（有时就是交谈），往往能学到不少东西。交流不仅要有合适的话题，还要有自己对问题的见解，还要准备向对方提出一些需要请教的问题。

4. 通过阅读学习。读书学习是学习的重要方式，这是尽人皆知的。特别是通过阅读与你业务有关的知识，这样你的工作技能会提高得更快。

5. 学习不要简单模仿或"照搬"。别人的经验或做法再好，也必须结合自己工作的具体情况和个人的能力水平加以消化吸收，才能转换成自己的东西，因此学习不是简单的模仿甚至"照搬"的过程。

当今世界的竞争日趋激烈，一个人要想出人头地，仅凭自己的长处是不够的。还要博采众长，为我所用，才能使自己更加强大。因此，要勤于学习，充实自己。对于学习，很多人都局限于书本和课堂上，认为在职场上要提高自己只需参加一些学习班，自己多抽时间看看有关业务方面的书籍，这样就可以提高自己，从而获得更多的晋升机会。这其实是大错特错，书本上的学习固然重要，但更重要的是向身边的圈中人学习，这样你才能提高得更快。

向圈中的同事学习，不仅可以培养你和同事们的感情，而且还可以学到更实用更新的知识，在这个知识大爆炸的时代，知识的更新非常快，书本上的东西，很多都是已过时或是些对工作帮助不大的东西，况且书本与工作还有一段距离，把书本上的东西用于工作实践，还需要你花一段时间去摸索。向圈中的同事学习就不同了，他们会告诉你最简捷、最实用的工作方法，从而缩短你摸索的时间。

我们主张要不断地给自己"充电"，这种"充电"的内容不仅包括理论上的知识和一些纯工作性质的技能，而且还包括社会交往等社会知识和技能，只有做到了这两者的兼顾统一，你才能算是真正地提高自己，你才能在为人处世中利用学到的知识和技能获取成功。

近朱者赤，遇强则强

组建一个圈子或加入另一个圈子，要有选择性，古人就曾说过，近朱者赤，近墨者黑。一旦你进入了一个圈子，这些朋友将是一生中对你影响最深的人。有选择性地加入对你将来发展有利的圈子，多向圈子中的前辈求教，会使你的人生获得很大的益处。

萨加烈说过这样的话："如果要求我说一些对青年有益的话，那么，我就要求你时常与比你优秀的人一起行动；就学问而言或就人生而言，这是最有益的；学习正当地尊敬他人，这是人生最大的乐趣。"结交一流人物能让自己更强，经常与有价值的人保持来往，回避没有价值的人际关系，这不是庸俗，这是你向上的力量。多与有益的人相结交，结交成功的前辈，往往能够转换一个人的机运。

里昂是美国加利福尼亚州小镇上的铁道电信事务所的新雇员。在16岁时，他便决心要独树一帜，17岁他当了管理所所长，后来，先是在西部合同电信公司，接着成为俄亥俄州铁路局局长。

当他的儿子上学就读时，他给儿子的忠告是："在学校要和一流人物结交，有能力的人不管做什么都会成功……"

你也许会觉得这句话太庸俗，但请别误会，事实证明把有能力的人作为自己的榜样并不可耻。朋友与书一样，好的朋友既是良伴，也是我们的老师。

要与伟大的朋友缔结友情，跟第一次就想赚百万美元一样，是相当困难的事。这原因并非在于伟人们的出类拔萃，而是你自己容易忐忑不安。年轻人之所以容易失败，是因为不善于和前辈交际，第一次世界大战中，法兰西的陆军元帅福煦曾说过："青年人至少要认识一位精通世故的老年人，请他做顾问。"

不少人总是乐于与比自己差的人交际，因为借此能产生优越感。可是混迹于不如自己的人当中，显然是学不到什么的。你所交往的人会改变你的生活。与愤世嫉俗的人为伍，他们就会拉你沉沦；结交那些希望你快乐和成功的人，你就在追求快乐和成功的路上迈出最重要的一步，对生活的热情具有感染力，因此同乐观的人为伴能让我们看到更多的人生希望。而结交比自己优秀的朋友，则能促使我们更加成熟。

我们可以从劣于我们的朋友中得到慰藉，但也必须获得优秀的朋友给我们的刺激，以助长勇气。大部分的朋友都是偶然得来的。我们或者和他们住得很近，因而相识，或者是以未曾预料的方式和他们相识。结交朋友虽因为偶然，但朋友对于个人进步的影响却很大。交朋友宜经过郑重的考虑之后再决定。

多结交成功的朋友，可以把注意力放在比自己先成功一步的朋友身上。这样，你既有结交的机会，也容易领略到对方的内涵。阻碍我们成功的最大障碍，其中就存在于我们自己心中，自己战胜自己往往是人生中最持久最难决出胜负的艰苦战役。但如果你拥有许多成功的朋友，在这场看不见硝烟的战役中，很可能轻易取胜，因为成功者已经告诉我们取胜的诀窍和方式方法。既是成功者的方式方法，我们无须过多地怀疑忧虑，在人的一生中，该模仿的时候就应该模仿，我们只有自己去研究领悟发现，才能有美好的人生。

事业成功的人，是你成就事业的最好的参照物，会使你不断地力争上游。你应当牢记与有益的人交往并不是太难的事情。首先将你所在城市的著名人士列出一张表，再把将会对你的事业有所帮助的人，也列出一张表，之后就是每星期去试着结交一位这样的人。这样不久后你就会惊奇地发现，你的人生会有所改变。

交际要富有目的性，建立有利的关系网

按中国传统心态来看，交际不应该有目标，应该"以情会友，别无所求"，应该奉行一种无为哲学。但是，会建立交际圈的人都懂得，在交往中要注重圈中人的使用价值，然后想方设法接近他，从而建立有利的关系网。

我们不妨设想，有这么一个人，他既不能与你信息共享、情感沟通，也不能与你相求相助，你会与他交朋友吗？恐怕不会。可见，人际交往还是有选择的，选择就是一种目标的体现。

建立"圈子"可以用一个简单的公式来说明。首先，要认清目标，接着找有相同需求的人，最后与之联系，建立圈子。也就是说：目的 + 有相同需求的人 = 圈子。

有人单靠直觉建立"圈子"；有人则要努力不懈，才能拓展一点"圈子"。前者往往难以预料结果如何；后者比较知晓圈子的"天时地利"。

"圈子"通常要花一点工夫才能获得。一家公司在两个月内即将面临大裁员或破产的打击，员工应该早有所闻，有人像无头苍蝇不知如何是好，有人则已悄悄地打电话联络，寻找下一个工作机会，以免和公司"同归于尽"。你可以用全部的银行存款打赌，这些人一定比慌张失措的同事先找到工作，之后也会继续依靠"圈子"，追求更卓越的职业生涯。

事实上，"圈子"对他们来说就是生命线。与外界人建立某种"圈子"，消息才会灵通。要是问他们这些"圈子"是怎么建立来的，恐怕他们也答不上来。这种事并非鬼鬼祟祟、见不得人的勾当，而是一般人成功的秘诀。他们了解"团结就是力量"的道理，最后，练成了在最不可能的地方得到情报的神功。

善于拓展"圈子"的人，是标准的社交高手，不管是在宴会、洽谈公事或私人聚会上，总是会掌握时机。对这些"沟通大师"而言，人生就是一场历险记——会议室、酒吧、街角、餐厅，甚至在澡堂里，处处都可以"增广见闻"，因此随时竖起耳朵，收听精彩的内幕消息或飞短流长。只要你多走动，必有收获。最会拉圈子的聪明人，不但口吐莲花、左右逢源，而且任何蛛丝马迹都逃不过他的法眼。他们就是天生的侦探或是名记者，不然也应颁给他们"社会学"荣誉博士。

总而言之，要时刻在心里想着身边的"圈子"，看看是否能从双方的需要上做些文章，以使圈中人的关系变得更加牢靠。

组建交际圈，寻找对自己有用的人

外国成功学有"交际圈"一说，认为喜欢别人，又能让别人喜欢的人，才是世界上最成功的人。成功的人们大多喜欢广泛交际，形成了自己的一个"交际圈"。比如，你要某人推荐几个供你拜访的朋友，如果这个人是个失败的人，他好不容易才能为你提供一两个人，而且很费力地才找到这一两个人的地址和电话；成功的人就不同了，他们会推荐出一大堆朋友，而且是在长长的名单上寻找，因为名单上包括各式各样的朋友。这也显示了成功者与失败者在交友方面的差别。

成功的人大多是有交际圈的人。这种网络由各种不同的朋友组成，有过去的知己，有近交的新朋，有男的，有女的，有前辈，有同辈或晚辈，有地位高的，有地位低的，有不同行业的，有不同特长的，也有不同地方的……这样的交际圈，才是一种比较全面的交际圈，也就是说，在你的交际圈中，应该有各式各样的朋友，他们能够从不同的角度为你提供不同的帮助。

交际圈既然称作是"圈"，就应当具有圈的特点。也就是说，以自己为圈心，以关系为纽带，建立以自己需求为中心的交际圈。不懂交际之道的人交友就不是这样了，他们结交的范围十分狭窄，分布十分不均，只在自己熟悉的范围内认识几个人，而这些人的行业和特长比较单一，这样就构不成一个标准的交际圈了。值得一提的是，在我国传统上，知识分子往往喜欢闭门谢客，喜欢孤军奋战，特别是对官场上的事情喜欢"两耳不闻窗外事"，对政界的人物更是不愿去与之进行交际，这样的传统和习惯是十分不利的。从成功学的角度来分析，它对聪明人的成功更为不利。就现状来说，要成功，离不开上级领导的信任和支持，而上级领导大多是官场的人，你不主动与他们交往，他们对你不了解，你对他们也很陌生，你怎么能获得他们的信任和支持呢？

广泛与人交往是机遇的源泉。交往越广泛，遇到机遇的概率就越高。有许多机遇就是在与朋友的交往中出现的，有时甚至是在漫不经心的时候，朋友的一句话、朋友的帮助、朋友的关心等都可能化作难得的机遇。在很多情况下，就是靠朋友的推荐、朋友提供的信息和朋友的其他多方面的帮助，人们才获得了难得的机遇。例如，某单位新来一位主要领导，需要配备秘书，在多人跃跃欲试、趋之若鹜的情况下，小许被选中了。原因就在于这位领导委托自己的一个下级单某为自己物色秘书，而单某和小许是同学和好朋友，单某自然清楚，小许肯定胜任秘书这一职位，于是就把这个同学推荐来了。结果，领导本人满意，组织考察合格，正在为前程茫然奔波的小许更是欣喜若狂，因为他找到了自己适合的位置，这也是他成功的一个里程碑。这个里程碑的获得，关键因素是他有那么一个得到领导信任的同学。也许他想不到这个朋友会对他的成功起到至关重要的作用，也许他们之间彼此进行交往的时候，没想到这种交往决定了日后一个人的巨大成功，没想到这种交往就是一个人成功的机遇。因此，从这个意义上说，交往越广泛，机遇就越多。

聪明人不应当过于急功近利，有许多机遇是在交往中实现的，而在初步交往中，人们很可能没有看到这种机遇，在这个时候，不要因为没有看到交往的价值，就漠视这种交往。每一个伟大的成功者背后都有另外的成功者。没有人是自己一个人达到事业的顶峰的，一旦你立志要成为出类拔萃的人，你就要开始吸收大量对你有帮助的人和资源了，如其他各方面有所建树的人是你所有资源中最大的资源。你要做的就是找到他们，构建有助于你的事业的"交际圈"。

实际上，你的"交际圈"远比你意识到的要广大得多。你实际拥有的网络延伸到了你每天都有联系的人之外，更多的联系包括你与之共同工作和曾经一同工作过的人们，以前的同学和校友、朋友，你整个大家庭的成员，你遇到过的孩子的父母，你参加研讨会或其他会议时遇到的人，这些人都会是你的网络成员。你的网络成员还包括那些你在网络中认识的人，以及与他们有联系的人。

有句谚语说得好，每个人距总统只有六个人的距离。你认识一些人，他们又认识一些人，而他们又认识另外的一些人……这种连锁反应一直延续到总统的椭圆形办公室。而且，如果你距总统仅仅有六个人的距离，那么你距你想会见的任何人也就只有六个人的距离，不管他是一家公司的总经理，还是你想让其加入你的团队支持你的名人。

将你所有的联系人列出来，想想你认识并有业务联系的每个人，设计一个计划，以便最有效地利用你的这些联系人。

巧用"义气"，推进事业的成功

在中国，历来很讲究义气，而且有结拜异姓兄弟的传统。只要情投意合，便要义结金兰，结拜换帖。有了八拜之交便可为朋友两肋插刀。当初，刘备为了让关羽和张飞辅佐他打江山，与其结为换帖兄弟。其实，他们三人都是普通人，当时谁也不会想到就是这样三个处于社会下层的普通人，最后经营起一番事业来，在群雄逐鹿三分天下的过程中争得一席之地。这成功经验对后人确实有极大的启发意义。

就拿经商来说吧，如果一个人资本不足，多方面条件都还欠缺，那何不和多个人结为"同仁"，这样集众人的智慧和财力，经营事业的成功概率就会变得更大些。

借鉴《三国演义》中"桃园结义"的经验来创办现代"同仁"企业是很有意义的事情，而且，已经有人取得了成功。曾经名噪一时的香港房地产业"新鸿基企业有限公司"便是显例之一。

新鸿基企业有限公司来源于1958年香港商界"三剑侠"组合的"永业企业公司"。所谓"香港商界三剑侠"指的是三位在经营上都取得了重大成就的企业家，即地产巨子郭德胜、证券大王冯景禧、华资探花李兆基，他们在20世纪50年代看好香港的房地产业，但又缺乏单独作战的实力，于是经过协商而"誓师结义"，提出一个同仁企业的基本纲领来，这就是他们所说的"同心协力，进军地产，你发我发，大家都发"。"三剑侠"中的长者，是当时已经47岁的郭德胜，他从开小门面的杂货店起家，由广东中山至澳门，又由澳门迁至香港上环批发华洋杂货，1952年时就挂出了"鸿昌进出口有限公司"的牌子，以日本YKK拉链独家代理身份，在东南亚各地建立起销售市场渠道，加上代理日本、中国台湾尼龙制品，年营业额在1000万港元左右。

如果就此罢手，也足以安居乐业，但若想更有成就，则必须另辟蹊径，郭德胜于是想到了进入房地产领域，以示自己志在千里。不过经营房地产，必须一下子调出数目可观的资金来，郭德胜想到自己实力不足，而且也需要有朝气的年轻人来冲锋陷阵，于是找到了好友冯景禧和李兆基，商量合作大事。

冯景禧1922年生于广州，17岁时只身一人到香港谋生，从在九龙土瓜湾卑利船坞做学徒干起，逐渐当上了管事、账房先生。1946年他从广州集资运鱼苗去香港销售，以期在商界抬头，不料随船人员皆为生手，一路颠簸，鱼苗全部死光，多年拼凑的血本付诸东流；返航时装载水果，希望从贩运中弥补一点损失，不想又逢风浪，水果全部烂掉，真是雪上加霜！在负债累累的情况下，冯景禧全凭个人意志对抗逆境。

1947年，冯景禧从代客买卖金银入手，逐渐获得转机。由于有丰富的实践经验，冯景禧得以发现香港房地产这一大有可为的用武之地。他发现香港的土地全部由英国殖民政府控制，称为"官地"，不过英国殖民政府对待土地的办法与中国历代政府的办法不一样，中国历代政府是把土地在名义上分给臣民去耕种，然后向臣民征收赋税、分派徭役。

英国殖民政府是把"官地"用"官契"形式批租给公民使用，公民只要交了租金，如何使用土地，政府基本上不问，这样任何人只要能租到土地，就可以获得转租土地使用的利润。香港地少人多，各业兴旺发达，土地转租的利润必然越来越高。为此，从1950年起，冯景禧与人合伙购买土地官契，进入房地产领域，到1958年，他已经积累了不少经验。郭德胜来找冯景禧，确实是找到了一个行家里手。

"三剑侠"中年纪最轻的是李兆基，他1933年生于广东顺德，由于父亲在广州开了一家银庄，使他从小学毕业起就有机会参与买卖实践，这是他得天独厚的基本条件。1948年他随父亲来到香港，做黄金、外汇的买卖，赚了一些钱。不过，他总觉得不保险，他曾经说："我七八岁时已常到父亲的铺头吃饭，自小对生意已耳濡目染，后来在银庄工作，令我深深体会到无论法币、伪币、金圆券等，都可随着政治的变迁，在一夜之间变成废纸，令我领悟到持有实物才是保值的最佳办法。"李兆基对香港的实业进行了多方面的考察，也认为进入房地产领域是最佳选择。他反应敏捷，足智多谋，有他参加"永业企业公司"，几乎是刘、关、张"桃园结义"的同仁企业请出诸葛亮来做"总经理"。

"永业企业公司"以"三剑侠"为核心，再伙同另外5位股东开业，首先以买入沙田酒店表现出不同凡响的志向。郭德胜老谋深算，冯景禧精通财务，李兆基胆大心细，三人上阵，可以说是珠联璧合。三位后来都进入香港十大富豪行列的企业家，能够在一家公司共同奋斗，算得上是中国现代经济史上的一段佳话。

由于起家时资金有限，最初的经营方式是以低价买进旧楼，拆掉重建，再伺机收购一些无人问津却又有发展潜力的土地，进行转手买卖，并且制定了"分层出售，十年分期付款"的营销政策，赢得了用户的信任。5 年下来，虽然没有大发，却为后来的大发奠定了基础。在已经看到了前景的情况下，"三剑侠"决定亮出自己的旗号，他们"甩掉"其他股东，重新组合了"新鸿基企业有限公司"。"新"字源于冯景禧的"新禧公司"中的"新"字，"鸿"字源于郭德胜的"鸿昌合记"的"鸿"字，"基"字干脆取自李兆基的名字。对"永业"向"新鸿基"改组一事，香港舆论界后来评论说："我们可以想象，他们从'永业'开始三人联手，生意做得很顺，否则的话不会五年后继续合作。"其实，"三剑侠"得以继续合作，主要原因还不在于生意做得顺，而是三人在这 5 年内感受到同心协力的成果和愉快。他们可以"甩掉"其他"永业"股东，说明他们是精明的企业家，审时度势后可以迅速作出决断；而且他们一开始就立下自己成就大业的志向，与朋友合作，如同《三国演义》中十八路诸侯联军讨董卓，是在各自力量不济的情况下，选择一个大家都能接受的定向目标作为合作的基础，当这个目标实现或者实践证明不能实现时，合作便必须中止，不应受其他因素的干扰。这也是他们可以仿效"桃园结义"的办法组建公司，经营产业，却也不为传统的政治体制观念所束缚的务时态度的体现。"三剑侠"得以继续合作，是他们认为在前进的道路上还会有风浪，只有靠三人继续同心协力，才能闯过险滩。

避开办公室内的各种"陷阱"

圈子是由很多人组成的，在圈子中往往会出现许多料想不到的意外事，之所以如此，说白了，就是人际复杂。为此，必须练的人与人之间虚虚实实的进退应对技巧。自己该如何出牌，对方会如何应对，这可是比下围棋、象棋更复杂的事情啊！

从实际来说，在一定的职业圈中，不得不与形形色色的人物打交道，同时也免不了会遇到被出卖、敌视、中伤等种种料想不到的事情。倘若对你面前的一个个陷阱，若能事先预料这些事的发生，并各个击破，便能安度上班族的生涯。下面是绕过办公室种种陷阱的几条策略，希望它会对你处理复杂的人际关系有所帮助。

1. 在办公室里不可随便交心。在现实中，正人君子有之，奸佞小人有之；既有坦途，也有暗礁。在复杂的环境下，不注意说话的内容、分寸、方式和对象，往往容易招惹是非，授人以柄，甚至祸从口出。人只有安身立命，适应环境，才能改造环境，顺利地走上成功之道。因此，说话小心些，为人谨慎些，避开生活的误区，使自己置身于进可攻、退可守的有利位置，牢牢地把握人生的主动权，无疑是有益的。况且，一个毫无城府、喋喋不休的人，会显得浅薄俗气、缺乏涵养而不受欢迎。单位所办的各种聚会，自然要参加，与同事及上司打一两场"社交麻将"也有必要，但有一点要记住：不可随便交心。

同事之间，只有在大家放弃了相互竞争，或明知竞争也无用的情况下，才会有友谊的存在。如果交出真心，动了真感情，只会自寻烦恼。

比如说，甲与乙是同级，而且是好朋友，只有一个升级的机会。如甲升了级，乙没有升，乙会怎样想呢？乙如继续与甲友好，免不了会被人认为趋炎附势；甲主动与乙友好，也并不自然。

2. 孤军作战，得注意保存自己的实力。蓝领与白领不同的地方之一，是蓝领向上流动性不大，升迁的机会不多，因此，蓝领工人打的是正规战术，集体讨价还价。而白领阶层则大有个别拼搏的机会，获得升迁是单打独斗的结果，因而白领之间不但没有蓝领的同志感情，往往还互相猜忌、尔虞我诈。这种环境，犹如深入敌后、孤军作战的游击队。

一方面要友好竞争，一方面要在众人的竞争中保存自己的实力，在势孤力弱的情况下，就要夹紧尾巴，千万不要露出要搏、要向上爬的样子，成为众矢之的。俗语说："不招人妒是庸才。"但在一个小圈子里，招人忌是蠢材。在积极做事的时候，最好摆出一副"只问耕耘，不问收获"的超然态度。

3. 不做别人的替罪羊。在公司或一个行政单位里，做事好坏对错，很多时候是由上级主观决定的。如果上级意志强硬，下级多少都要努力工作；上级若自以为是，下级便会唯唯诺诺。但一些上级只是向他的上级交功课而已，敷衍了事，得过且过。在这样的环境之下，最重要的是不要出事，一切如常，就不会勾起上司的雷霆之怒。但一有差错，上司为了向他的上司交代，就会抓住一个人做替罪羊，这种情况，就叫做背黑锅。

不做替罪羊、不背黑锅的方法其实很简单。最易行的就是不冒险，不马虎，事事有根据，白纸黑字，即使错了也有充分的理由解释。另一方面，一件事的对错，错的大小，应否追究，如何处罚，都是上级决定。

大事化小或小题大做，都在有些上级的一念之间。因此，在这种情况下，人缘好，特别是与上司的关系不错，就能较少获罪。

4. 掌握与同事谈话的分寸。在办公室里，同事每天见面的时间最长，谈话可能涉及工作以外的各种事情，"讲错话"常常会给你带来不必要的麻烦。同事与同事间的谈话，如何掌握分寸就成了人际沟通中不可忽视的一环。

5. 办公室里最好别辩论。有些人喜欢争论，一定要胜过别人才肯罢休。假如你实在爱好并擅长辩论，那么建议你最好把此项才华留在办公室外去发挥，否则，即使你在口头上胜过对方，但其实是你损害了他的尊严，对方可能从此记恨在心，说不定哪一天他就会用某种方式还以颜色。

6. 办公室不是互诉心事的地方。有许多爱说话、性子直的人，喜欢向同事倾吐苦水。虽然这样的交谈富有人情味，能使你们之间变得友善，但是有调查指出，只有不到1%的人能够严守秘密。所以，当你的个人危机和失恋、婚外情等发生时，你最好不要到处诉苦，不要把同事的"友善"和"友谊"混为一谈，以免成为办公室的注目焦点，也容易给老板造成问题员工的印象。

7. 别做传人是非的包打听。包打听，就是在别人背后说的话，只要人多的地方，就会有闲言碎语。有时，你可能不小心成为"放话"的人；有时，你也可以是别人"攻击"的对象。这些耳语，比如领导喜欢谁，谁最吃得开，谁又有了绯闻等等，就像噪声一样，影响人的工作情绪。聪明的你要懂得，该说的就勇敢地说，不该说就绝对不要乱说。

8. 不要做一个讲大话的吹嘘者。有些人喜欢与人共享快乐，但涉及你工作上的信息，譬如，即将争取到一位重要的客户，老板暗地里给你发了奖金等，最好不要拿出来向别人炫耀。只怕你在得意忘形中，忘了某些人眼睛已经发红。

该说"不"时就说"不"

在圈子中与人共事，要平等、宽容地对待他人，同时也要求别人平等、宽容地对待自己，这就意味着不要接受屈辱，不要被人伤害。为了自己的正当利益，要敢于说"不"，说"不"也是你的基本权利。

该说"不"时就说"不"，不做不讲话的鹦鹉。一味地沉默只会让他人忽视你的努力，甚至忽视你的存在。做一个有声音的人，让他人感受到你的存在价值。

有个人想送太太一样别出心裁的生日礼物，便选了一只漂亮的鹦鹉，请鸟店送到家里。当他回家吃晚饭时，他问太太礼物是否已送到家。"噢，是的，"他太太回答，"它还在锅里，很快就可以上桌了。"这人听了又惊讶又懊恼，他喊道："天啊！我可是花了 3000 块钱！它是一只聪明而且会说话的鹦鹉！"他太太反问："如果它聪明的话，为什么不讲话？"

不会说"不"的人只会让他人觉得你是一个逆来顺受的人。你是不是三番五次地被人利用和欺侮？你是否觉得别人总是占你的便宜或者不尊重你的人格？人们在制订计划时是否不征求你的意见，而会觉得你千依百顺？你是否发现自己常常在扮演违心的角色，而仅仅因为在你的生活中人人都希望你如此。如果这样的话，你的生活和工作就需要进行改进了，就需要拒绝和说"不"字。当然真正鼓足勇气说这件事情的时候，当你认识到自己的需要并表达出来时，你会发现你原来所顾虑的事情一件都没有发生，而你的生活却发生变化，同事们开始尊重你，开始意识到你的存在。

刘刚在一家打字店工作，由于从农村出来，勤劳且比较老实。每天上班提前半小时到打字店，开始扫地擦地板抹桌子，同事们忙不过来的时候主动帮助打印。有一天，由于有事来晚了，发现其他员工们正在嘀咕，"乡下人还摆架子，也不知道早来给我们打扫房间。"刘刚突然意识到自己付出的很多而得到的太少了。正好这天晚上又有一位同事请他帮忙，"小刘，你今天晚上帮我把这份稿子打出来吧，明天要交货。我今天晚上要去跳舞，我先走了，人家还等着我呢。""很抱歉，我今晚有事。"小刘第一次回绝了别人，那人从来没有遭到过小刘的拒绝，在那儿愣了一下。第二天，当他去上班时恰巧遇到那位同事，那位同事并没有表现出任何异样，反而主动和他打招呼。从此，找他帮忙的人少了，当他给别人擦桌子的时候别人也会礼貌地回应了。就这样，通过一次拒绝，换来了他人对自己的平等和尊重。

常言道："不打不相识。""打"可以打出平等，也可以"打"出知心朋友。在办公室同事中，有时仅仅靠温驯善良和勤苦有才是混不出什么名堂来的，有时也需要通过争论甚至更加过激的手段来解决问题，这对那些能力较强，但心高气傲的人还是很适用的。

不打不相识，并不是为了获得一种资本，也不是为了让某人在众人面前丢面子，而是展示自己的才能，赢得在众人心中的地位的一种方式。

李元和赵江是同事，李元的业务能力很强，但为人比较高傲，总以资格老自称。赵江比较聪明能干，但资历较浅，平时李元根本不把赵江放在眼里。一次，领导要求他们对本厂生产的臭氧发生器做一个促销方案，李元为主，赵江协助。李元按照传统的促销方法编制了一套方案，采用通过商场进货，在商场内进行促销活动的方法。而方案参与人赵江不同意该种方案，认为像这种新产品老百姓不愿认同，且价格并不便宜，谁也不愿花钱自己去尝试。在这个方案的审批过程中，赵江一反常态，坚持自己的意见，两个人发生了激烈的争吵。方案最终以李元获胜结束，但赵江并没有因此而放弃，并在暗处与领导进行了交涉，领导通过反复深思，决定采用两种方案同时实行。李元了解到情况后，在办公室说："我是这行的祖师爷，我说行，它准行，干这行，凭的是经验。如果我输了，我请大家吃饭。"赵江则不甘示弱："李元，我敬重你的水平，不过人们消费观念在变，我们也应该顺应形势。这次如果我这个方案错了，我拜你为师，请大家吃饭。如果我侥幸赢了，我还是应该向你学习。"从此，办公室中出现了赵和李的不和谐音符。

到了年终，领导宣布营业情况时，专门对促销的两个方案进行了比较，最后宣布，赵江的促销方案得到了较大的市场份额。

李元当即红着脸对大家说，今天晚上我请客。在宴会上，李元对赵江说："初生牛犊不怕虎，咱们哥儿俩以后多商量，哥哥多向你请教。"而赵江连连说："侥幸侥幸，您还是我的师傅。"

从此两个人打得火热，而他们部门的业绩也像芝麻开花节节高。当然，打也要分人，也要分场合，不能盲目地无论何时、何地、何人都这样做，否则不但收不到好的效果，而且还会误入歧途，耽误自己的前程。

某办公室有 6 位职员，水房离办公室较远。开始时大家谁也不愿意去打水，因为打完后也许自己只能喝到一杯水，其他的水都被分光了。为了保证大家都喝到水，制定了规章制度，每三个人为一小组，每天早晨、中午打水。甲组中的三个，小喧比较老实勤劳，每次其他两个人躲得远远的，只有小喧打水。这一天，大家中午见到没开水了，其中乙组的一位同事对小喧说："小喧，开水呢？打开水去呀。"小喧当即反驳道："我们三个人呢，你指使我干吗？"那位同事当时有些脸红，此时甲组的另外两位连忙说："唉哟，不好意思，忘了，我马上去！"

从此，大家打水自觉多了。小喧并没有觉得自己以前帮得太多了而不去做了，他仍然和同事一起去打水。

小喧利用其他同事的愤怒维护了自己的权益和平等的地位，大家在一个办公室，具有同样的义务，不好去指使另外的人，只好采用拒绝的方式，而之后仍然去打水，说明他不计前嫌，利用宽容获得了别人的好感。

第三章

建立自己的圈子，保住自己的位子

俗语说：远亲不如近邻。在我们需要帮助时，最能帮助我们的往往是自己身边的人，我们的一生中大部分时间将与"身边的人"度过，结交身边的同事和朋友既是确保自己升迁的需要，也是生活的必需。

社会上对你有帮助的人是那么多，人际关系处理起来是那么繁复，但真正对你有利的人，就是你身边的七八个人，处理好与他们的关系，你的日子将会顺风顺水，反之，你将寸步难行。

最基本的是你要融入圈子

张权是某中学教师，毕业于著名大学的他知识广博、教学认真，学生对他的评价都还不错，只不过这个人性格又硬又直，和同事的关系始终不太好。即使是相处较近的同事，也是爱理不理、冷冷清清的。学校的教务主任调走了，校长要从教师中提拔一个人担任此职。按资历、能力，张权都是第一人选，因此校长就悄悄找他谈了一次话。没想到这风声刚一放出去，一大群人就找上了校长，这个说不行，那个表示反对，而且都说得头头是道，理由一大堆，不能不叫人心中来回打鼓。说到最后，校长耳软了，终于打消了让张权当教务主任的想法。而能力不如张权，但人缘却很好的王霖却在众人的多方举荐下被提升为教务主任。

究其原因，是因为张权没有真正融入学校这个圈子，所以圈中人对他这个圈外人有一种排斥心理，张权虽然能力出众但却最终落选，而他的对手虽然能力不及他，但因为占了个"人和"的优势，反倒成功晋职。很多时候，能力是一个方面，人缘也是一个方面，不管你人缘的好与坏，你在一个位子上至少要融入一个圈子，也就是说，不要讨人厌，让人觉得你就是他们的负担。

想在现代社会里生存、发展，就必须具有较强的竞争力。竞争力是一个综合性的指标，它不仅指才能、素质等方面，还与人际关系有重要关联。有好的人缘，做事时就会得到众人的支持，在竞争中就会处于优势地位。而人缘差的话，在你困难的时候就得不到帮助，甚至还有人会跳出来踹你两脚，这样一来，在竞争中你就会居于劣势。

有些人可能专心于业务方面，对人际关系的处理很少注意，但你最起码要融入你生活的圈子，对于单位组织的活动要踊跃参加，不要以自己业务繁忙为由，拒绝参加，对同事及领导要主动打招呼，不要显出一副爱理不理的样子。其实融入圈子并不难，它并不要求你事事都主动，只需你主动响应同事及领导的号召，不做一个人见人厌的人，没事时主动帮帮同事，这样自然而然地你就会成为一个受欢迎的人。

某单位要在年轻工作人员中提拔一位办公室主任，各方面条件都比较符合的人选有两个：张欣和甄东。总体来看，张欣的条件还要比甄东好一些，不过甄东也有他的优势：人缘好，真正与同事们打成一片。张欣外号叫做"不求人"，总是表现得志得意满，一副谁也用不着的样子，因此在单位里，很少有人和他来往。甄东却正好和他相反，他待人热心，同事们遇到什么事，只要喊一声"小东"，他马上就乐呵呵地跑过来，这样一来，单位里的人都和他关系不错。这个办公室主任的职位，两人都很看重，明里暗里较起劲儿来。张欣知道自己人缘不好，于是就想在领导那里打开门路，没想到适得其反，送给领导的礼物被推了出来，还惹恼了领导。最后领导决定用投票的形式来推举，结果甄东得到三十一票，高票当选，而张欣却只得到了可怜的两票。

张欣的悲哀在于，他没有认识到融入圈子的重要性，平时不烧香，等到需要用人时再去求已经太晚了，本来他的条件要比甄东好，但因为他连最起码的公司人际圈都没融入，结果在竞争中一败涂地，所以，张欣应该认真反省一下自己在人际关系方面的做法，否则今后再有类似的竞争，他也很难取胜。

现代社会，圈子给我们个人发展带来的影响越来越大，所以，我们除了要努力施展自己的才能外，还要注意搞好人际关系，你至少要能融入圈子，让自己有个较好的人缘，这样才能适应日益激烈的竞争，并在竞争中取胜。

要想有人缘必先关爱他人

如何与圈子中的朋友和睦相处，如何成为圈子中人见人爱的红花，唯一的诀窍就是要想取之，必先予之，要想结交人，被人爱戴，就要学会关爱他人，只有爱别人并爱自己的人，才是最受欢迎的人。

王乔心宽体胖，整天乐呵呵，朋友们都亲热地称呼他为"胖哥"。胖哥是某单位的司机，没权没势，可大家就是喜欢他、尊重他，有人开玩笑地问胖哥身上是不是装了磁石，不然为什么这么吸引大家呢！胖哥哈哈一笑，"就是有人缘！大家对我好，你羡慕了！"其实胖哥之所以人缘好，都是他靠自己的友善换来的。他的好朋友没考上大学，闹着要投河，胖哥一下子请了十天假陪着他，劝说他，等朋友精神好转后，又开车带着朋友散心，终于使朋友转变了想法。同事小姜的父亲骨折住院，胖哥把小姜的家务事整个包了下来，还专门为小姜父亲炖了鸡汤送到医院，每隔两天还要代替小姜护理老人。领导大赵做买卖赔了一笔，大赵心烦意乱，大赵妻子寻死觅活，胖哥又充当了调解人，终于劝得这对夫妻和好如初……胖哥对每个人都那么关爱友善，而大家回报给他的则是爱戴支持。

人格高尚、性情温和的人，往往到处能得到他人的欢迎，也能处处得到他人的扶助。有些商人虽然没有雄厚的资本，却能吸引很多顾客，他们的事业与那些资本雄厚但缺少吸引力的人相比，进展必定更为显著。

与人交往，如果你能处处表现出关爱别人的精神，乐于助人，那么就能使自己犹如磁石一般，吸引众多的朋友；而一个只肯为自己打算的人，到处会受人鄙弃。

慷慨与宽宏大量，也是获得朋友的要素。一个宽容大度的慷慨者，常能赢得人心。

与人交往时，还应说他人爱听的话，在谈话和做事过程中，要赞扬他人的长处，而不去暴露他人的短处。那种习惯轻视他人、喜欢寻找他人缺点的人，是不可信赖的人，也不值得结交。

轻视与嫉妒他人往往是一个人心胸狭窄、思想不健全的表现，也是一个人思想浅薄与狭隘的表现，这种人非但不能认识他人的长处，更不能发现自己的短处；而有着健全的思想、对人宽宏大量的人，非但能够认识他人的长处，更能发现自己的短处。

吸引他人最好的方法，就是要使自己对他的事情很关心、很感兴趣，但你不能做作，你必须真诚地关心别人，对别人感兴趣。

　　好多人之所以不能吸引他人，是因为他们的心灵与外界是隔绝的，他们专注于自己。与外界隔绝，久而久之，便足以使自己陷于孤独的境地。

　　有一个人，几乎人人都不欢迎他，但他不知道是什么原因。即使他参加一个公众集会，人人见了他都退避三舍。所以，当别人互相寒暄谈笑、其乐融融之时，他一个人独处在屋中的一个角落。即使偶然被人家注意，片刻之后，他也依旧孤独地坐在一边。

　　这个人之所以不受欢迎，在他自己看来乃是一个谜，他具有很大的才能，又是个勤勉努力的人。他在每天工作完毕后，也喜欢混在同伴中寻快乐。但他往往只顾到自己的乐趣，而常常给人以难堪，所以很多人一看到他，就避而远之。

　　但他绝未想到，他不受欢迎最关键的原因乃在于他的自私心理，自私乃是他不能赢得人心的主要障碍。他只想到自己而不顾及他人，他一刻也不能把自己的事情搁起，来谈谈他人的事情每当与别人谈话，他总是要把谈话的中心，集中在自身或自己的业务上。

　　一个人如果只顾自己，只为自己打算，那么就没有吸引他人的磁力，就会使别人对他感到厌恶，就没有一个人喜欢与他结交往来。

　　如果一个人真正对他人感兴趣，便有吸引他人的力量，而且对他人吸引力的大小，与对他人所感兴趣的程度成正比。怎样才能对他人感兴趣呢？主要是要能够设身处地为他人着想，能够推己及人，给他人以深切的同情。

　　其实，人生最大的目标，并不应该在于谋生赚钱，更要把我们内在的力量、我们的美德发扬出来，这样，我们自然就会具有吸引他人的力量。

　　一个人要真正吸引他人，应该具有种种良好的德行，自私、卑鄙、嫉妒都不能赢得人心；非但不能赢得人心，还会处处不受人们的欢迎。

　　一个只想着自己，对他人缺少关心的人，就会缺少吸引朋友的磁力，这样的人将会失掉生活中的很多乐趣。如果他们想成为一个受人欢迎，有人缘的人的话，那就要改变那种对人冷漠的态度，多关心关心别人。

用好听的话打动他人的心

　　三句好话暖人心，人人都爱听好听话，特别是那些入他心坎里的话，所以，在结交人的时候，多说几句暖人心窝的话，就能与对方建立感情，从而达到融洽人际关系的目的。

　　张某的儿子从师范学校毕业后，没有找到理想的工作，在家一待就是半年多，张某看在眼里，急在心头。听说某中学缺老师，张某就打算帮儿子联系一下。张某敲开了该中学校长的家门，校长冷冷地接待了他，张某见状，也不谈正事，在房间里看了半天，正巧看到校长儿子身穿博士服的照片被摆在柜子上，张某立刻羡慕地说："哎呀，穿博士服这位是令公子吧！真了不起呀，什么学校毕业的！"校长立刻高兴地回答说："是呀，是我大儿子，复旦大学毕业的，现在去美国留学了！""唉哟！您看看，令公子多争气，不但考上那么好的大学，还能出国留学，这以后前途无量啊！"校长一听，随即眉飞色舞地谈起了自己的儿了，还把自己珍藏的名茶拿出来和张某分享。听校长说了一个多小时后，张某叹了口气说："人和人没法比呀，我就没您的福气！我的儿子上了一个师范专科学校，毕业时安分点找个工作不就行了，可他偏想去什么北京上海，结果把自己给耽误了，现在什么工作也没有，在家后悔呢！"校长点了点头："可怜天下父母心呀！这样吧，现在第二中学还缺几名老师，你让孩子带着简历来找我吧！"

故事中的张某就是一个套近乎的高手，经过他的沟通，校长对他的态度由冷淡变成了热络，还主动提出帮他解决孩子的工作问题，张某顺利地达到了自己的目的。套近乎是人际交往中的一种本领，它可以拉近双方距离，扩展人际关系。

套近乎是交际中与陌生人、尊长、上司等沟通情感的有效方式。套近乎的技巧就是在交际双方的经历、志趣、追求、爱好等方面寻找共同点，诱发共同语言，为交际创造一个良好的氛围，进而赢得对方的支持与合作。

外交史上有一则通过套近乎而顺利达成谈判目的的轶事。

一位日本议员去见埃及总统纳赛尔，由于两人的性格、经历、生活情趣、政治抱负相去甚远，总统对这位日本议员不大感兴趣。日本议员为了不辱使命，搞好与埃及当局的关系，会见前进行了多方面的分析，最后决定以套近乎的方式打动纳赛尔，达到会谈的目的。下面是双方的谈话。

议员：阁下，尼罗河与纳赛尔，在我们日本是妇孺皆知的。我与其称阁下为总统，不如称您为上校吧，因为我也曾是军人，也和您一样，跟英国人打过仗。

纳赛尔：唔……

议员：英国人骂您是"尼罗河的希特勒"，他们也骂我是"马来西亚之虎"，我读过阁下的《革命哲学》，曾把它同希特勒《我的奋斗》作比较，发现希特勒是实力至上的，而阁下则充满幽默感。

纳赛尔：（十分兴奋）呵，我所写的那本书，是革命之后，三个月匆匆写成的。你说得对，我除了实力之外，还注重人情味。

议员：对呀！我们军人也需要人情。我在马来西亚作战时，一把短刀从不离身，目的不在杀人，而是保卫自己。阿拉伯人现在为独立而战，也正是为了防卫，如同我那时的短刀一样。

纳赛尔：（大喜）阁下说得真好，以后欢迎你每年来一次。

此时，日本议员顺势转入正题，开始谈两国的关系与贸易，并愉快地合影留念。

在这段会谈的一开始，日本人就把总统称做上校，降了对方不少级别；挨过英国人的骂，按说也不是什么光彩事，但对于军人出身，崇尚武力，并获得自由独立战争胜利的纳赛尔听来，却颇有荣耀感；没有希特勒的实力与手腕，没有幽默感与人情味，自己又何以能从上校高升到总统呢？接下来，日本人又以读过他的书为机，称赞他的实力与人情味，并进一步称赞了阿拉伯战争的正义性。这不但准确地刺激了纳赛尔的"兴奋点"，而且百分之百地迎合了他的口味，使日本人的话收到了预想的奇效。日本议员先后五处运用寻找共同点的办法使纳赛尔从"不感兴趣"到"十分兴奋"，最后竟至"大喜"，可见日本人套近乎的功夫不浅。

这位日本议员的成功，给我们一个重要启示，就是不能打无准备之仗，要有备而来，才能套得近乎，并且套得结实，套得牢靠。

日常生活中，会套近乎的人往往拥有较多的朋友、较好的人缘，当他们遇到困难时，也就更容易获得帮助和支持，为此，我们需要好好学习与别人套近乎的本领，给自己创造一个良好的交际氛围。

用渐进式的方法结交圈中的朋友

圈中有人好办事，你要涉足某个领域，就要多结交这个圈中的朋友，只要你圈中的朋友多了，什么难题都可通过朋友间的联络得到解决。结交圈中朋友最好的方法是渐进式地接近，寻找双方的共同点。

在一次酒会上，建材商许某结识了某建筑公司的老板安某，许某知道安某很有"能量"，将来会对自己有帮助，因此表现得特别热络。交谈中，碰巧发现两人都曾在东北某旅当过兵，这样两人的关系更亲近了，随后两人互留了电话，约好以后常联系。两天后，许某约安某到一个名为"军人之家"的饭店吃饭，两人一边吃饭，一边谈谈在东北的日子，气氛相当愉快，之后的一段时间里，他们常常到彼此家中做客，一起打篮球、爬山，尽管他们相识还不到三个月，但也可以称得上是不错的朋友了。半年后，安某接了项大工程，而许某则顺理成章地成了最大的建材供应商。

许某交朋友的本事是很厉害的，他没有表现出急于求成的样子拼命地套近乎，而是找到一个突破口，一步步地拉近彼此的关系。一回生、两回熟，多来往几次，陌生人也就变成了好朋友。

俗话说："人情卖给熟面孔。"圈内人相互照顾是常有的事。因此，聪明人与陌生人拉关系、套近乎，善于讲究方法，讲究步骤。只要能打开突破口，就要毫不放松，接二连三地贴上去，日久天长，双方的关系就有点儿扯不清了。这里总结了一套技巧，现介绍如下。

1.制造机会，接近对方。

人对自己身体四周的地方，都会有一种势力范围的感觉，而这种靠近身体的势力范围内，通常只能允许亲近之人接近；如果允许别人靠近你的身体四周，就会有种已经承认和对方有亲近关系的错觉，这一点对任何人来说都是相同的。

某杂志刊登过这么一则标题，就是"手放在你肩膀上，我们已是情侣"。的确，本来一对陌生的男女，只要能把手放在对方的肩膀上，心理的距离就会一下子缩短，瞬间就会在心理上产生双方是情侣关系的感觉。推销员就常用这种方法，他们经常一边谈话，一边很自然地移动位置，试图挨到顾客身旁。

因此，只要你想及早营造亲密关系，就应制造出自然接近对方的机会。

2.见面时间长不如见面次数多。

成功的推销员，会经常到主顾家中去，被认为是和主顾熟悉的要诀之一；尤其是以"我到附近来办事，顺便来看看你"这种说法，更能让对方觉得你们是熟人，更能抓住主顾的心。像这样习惯于亲近的方法，在心理学方面被认为和学习一样。一般对学习的看法，认为集中学习不如分散学习来得有效。

譬如我们要用 24 小时学习，那么一天用功 2 小时，而连续一个礼拜，要比一口气熬夜念24 小时更加有效。此外，到驾驶训练班学习驾车，一天的练习时间也都有一定的限制，绝不会让你超出时间，也就是利用这种分散学习的方式而产生良好的效果。

在人际关系方面，使对方产生亲近感，是给予对方良好印象的基本条件，而要满足这项条件，利用这种"分散效果"，可说是给对方强烈印象的科学的方法了。

整夜在一起喝酒的朋友，和有长时间交往的朋友相比，乍看之下好像前者的人际关系较稳固，但实际上，这种关系如不加以维持，交情就会愈来愈淡，这是显而易见的。譬如有人问你："你和某人的关系如何？"而你回答："我见过一次"和"偶尔会见面"，那么给人的印象就不同了，而和"常见"这个回答又更不同了。道理显而易见，见面的次数和两人之间的亲近度是成正比的。所以，我们在与对方交往的过程中，必须注意一些法则。

这个法则就是"一回生，二回半生不熟，三回才全熟"。也就是要采取分散渐进的方法，而且是长期的，使对方不知不觉地。对此，善交际的聪明人是这样解释的。

第一，人都有戒心，这是人类很正常的反应，一回生，二回就要"熟"，对方对你采取的绝对是关上大门的自卫姿态，甚至认为你居心叵测，因而拒绝你的接近，有权势之人，更是如此。

第二，每个人都有"自我"，你若一回生，二回就要熟，必定会采取积极主动的态度，以求尽快接近对方，也许对方会很快感受到你的热情，而也给你热情的回应，可是大部分人都会有自我受到压迫的感觉，因为他还没准备好和你"熟"，他只是痛苦地应付你罢了，很可能第三次就拒绝和你碰面了。

多个朋友多条路，我们应当努力扩大交际圈，把陌生人变成好朋友。不过与陌生人结交时，千万不要急在一时，交友应该是渐进式的，不要让对方觉得你是带着目的与他交往的。

让圈子活起来

会发挥圈子作用的人，不是圈子结得多而广的人，而是知道什么时候需要什么圈子、需要什么人，怎么让圈子活起来。杜邦是一个庞大的家族，是一个有 200 余年历史的美国军火、化学及金融界的垄断资本集团，其发家史上重要的一笔便是：依靠官府、利用官府。

1802 年 4 月，皮埃尔·杜邦向杰弗逊总统建议，从拿破仑手中买下路易斯安那，作为美利坚合众国的领土。这片东西横贯密西西比河和洛基山，南北从墨西哥湾至加拿大的法国殖民地总面积为 214.4 万平方公里。这个重大建议与杰弗逊总统的观点不谋而合。杰弗逊认为：美国的民主与繁荣取决于自由民移居自由土地的能力。总统即派皮埃尔代表他去巴黎和拿破仑进行秘密谈判。名义上此事由总统的特使门罗办理，但实际上皮埃尔·杜邦是执行人。1803 年 5 月 8 日，拿破仑签署了卖地条约，以 1500 万美元的价格将路易斯安那卖给了美国。美国在这笔交易中得到了惊人的实惠，将领土一下子扩大两倍。

具有商人基因的杜邦家族当然是"无利不起早"的。1803 年 7 月，伊雷内得知其父在这笔交易中所起的作用后，马上给杰弗逊写信，要求政府给杜邦家新建的火药工厂以优惠。不久，他得到了一份提炼政府所有硝石的合同。这样一来，美国政府就成为伊雷内的最大买主。

先进的技术、廉价的劳动力、政府的优惠、日益扩展的市场，这一切构成了牟取暴利的杜邦公司创业阶段的基石。1804 年春，伊雷内·杜邦完成了首批黑色火药成品，并将其送到兄长维克托·杜邦在纽约格林尼治街的贸易公司。维克托立刻在报上刊登广告，宣称杜邦火药公司生产的这种黑色火药优于任何火药。美国海军订了 22 万磅（约 10 吨），西班牙驻美大使订了 4 万镑（约 18 吨），此外，美国陆军部订购了 12 万磅（约 54 吨）精制硝石。1804 年杜邦火药销售额为 1 万美元，1805 年增加到 33 万美元。1812 年第二次美英战争前后，杜邦公司的买卖做大了。战争期间共向政府出售了 100 多万磅火药，这使公司能将获得的愈来愈多的利润中的绝大多数用于扩大再生产，杜邦家的名气更大了。1815 年，前外交官维克托作为布兰迪瓦区的代表被选入特拉华州众议院，1820 年又进入州参议院。这是杜邦家族称霸特拉华州的开始。在此之前的 1817 年 8 月，杜邦家族的老祖宗、前法国商务总监皮埃尔·塞缪尔·杜邦已经去世，杜邦家族的首领变成了维克托和伊雷内两兄弟。1824 年，杜邦家族挤进了美国新的财阀集团。伊雷内被任命为美国银行的董事，这家银行垄断了全国的货币。1826 年，维克托也成了该行的董事。

1827 年 2 月，60 岁的维克托死于心脏病，伊雷内仍经营着火药公司。这时公司年产 80 万磅火药，占美国火药总产量的七分之一。到 1832 年，公司已出口火药 120 万磅，而这 30 年公司贸易总额多达 1340 万磅。1834 年 10 月底，杜邦公司的创始人、第 1 任总裁厄留梯尔·伊雷内·杜邦也因心脏病去世，终年 63 岁。伊雷内死后，公司由他的女婿安德宛·比铁尔曼暂时代理，这种状况维持了两年多。

伊雷内有三个儿子，长子艾尔费·雷德生性温顺，他对化学实验的兴趣超过了谋利。父亲死时他已 36 岁，两个弟弟亨利和亚历克西斯只有十几岁。1837 年，艾尔弗·雷德出任杜邦公司第 2 任总裁。他坚持要和两个弟弟合伙管理公司，但最后裁决的人还是他。这以后的十几年里，国内经济一片萧条，企业破产、银行倒闭，而杜邦公司却一直生意兴隆。这是由于美国与墨西哥的战争、国内的矿业开采和公路铁路的修建等都需要越来越多的火药。1850 年，艾尔弗雷德因病辞职，其弟亨利·杜邦成为公司第 3 任总裁。

1861 年 2 月，继林肯总统的就职典礼后，杰弗逊·戴维斯宣誓组成美国南部各州同盟。4 月，南北战争刚一打响，亨利·杜邦立刻跑到华盛顿，宣称他忠于政府，从而捞到了一大批军火合同。到年底，杜邦公司向政府出售的枪炮火药价值 230 万美元，这是公司成立 60 年来的最大一笔交易。这时，政府供应的鳊硝石缺货，林肯总统担心英国可能支持南方而停止供应东印度市场上的硝石。林肯派杜邦公司的"新星"、艾尔弗雷德的儿子拉摩特·杜邦到英国去，以杜邦公司的名义包揽世界硝石市场。拉摩特同意了，但条件是这些硝石必须由杜邦公司提炼。1861 年 11 月，年轻的拉摩特（20 多岁）来到英国。在伦敦、利物浦等地用美国政府的价值 50 万美元的金条买下了英国所有的硝石。在整个南北战争期间，杜邦公司为联邦政府提供了近 400 万磅火药，从中获得了 100 多万美元的巨额利润。另外，由于在西部发现了新的市场，杜邦公司需要长途运送火药。拉摩特从蒙特加宁到威尔明顿之间修了一条铁路，使公司的军火厂直接与全国的铁路网连起来。政府是明令禁运军火的，但亨利总裁却能得到政府特许，大量运输军火，甚至可以出口。

南北战争期间，由于杜邦公司总裁亨利·杜邦发誓效忠政府，林肯授意特拉华州州长伯顿任命他为州武装力量的少将。这位"将军"牢牢地掌握了特拉华最大城市威尔明顿，并率军队开进了特拉华南部地区，进而控制了全州。在 1868 年到 1888 年的五次总统选举中，亨利都是特拉华州的总统选举人。杜邦家族此时已是腰缠万贯的新贵族、特拉华州一言九鼎的人物了。1899 年，杜邦家族为了得到大企业的许多特许权，竟然操纵州立宪会议，修改了州宪法。新宪法给予大企业纳税优惠的特权，也为建立大规模的股份公司开了绿灯。

1932 年的大选结束了。纽约州州长、民主党人富兰克林·德兰诺·罗斯福登上了总统宝座。当然，正如人们知道的那样，这个胜利主要应归功于杜邦家族代理人、民主党全国委员会主席拉斯科布。他经过 4 年努力建立起一个以城市为基础的政党，并资助该党度过困难时期，使其得到了城市平民的支持。

1933 年，是罗斯福推行"新政"的第一年，他得到杜邦家族的普遍支持。E.保罗·杜邦全力赞助他的田纳西流域公共工程计划。皮埃尔除了在全国复兴总署及其管辖的全国劳工委员会任职外，还担任了商务部的商业咨询和计划委员会的职务。当罗斯福总统号召私人把贮藏的黄金转入政府储备时，伊雷内把自己积存的美元和大量金条拿了出来，还向民主党捐赠了 5000 美元。拉摩特也表示赞同罗斯福宣布的美元贬值的决定。

1937 年 6 月，一条"爆炸性"的新闻出现在全国报刊上：罗斯福总统的儿子——小富兰克林·罗斯福与杜邦家的埃塞尔·杜邦小姐的婚礼在杜邦家举行，总统和夫人亲抵特拉华参加。

战争是被称为"死亡贩子"的杜邦家族发财的好机会。小战小发，大战大发。1939 年，规模空前的第二次世界大战爆发，机会又来了。1940 年，杜邦公司向英国和德国提出了一个无烟火药工厂的预算，6 月 4 日轴心国批准了这笔预算，并签订了一项合同，同意资助全部工程。7 月，罗斯福政府向杜邦公司订购了价值 2000 万美元的无烟火药。为了生产这批火药，杜邦公司被授权以 2500 万美元建造并管理一家新厂，其产量将达到全国火药总产量的 3 倍。

1940 年，杜邦公司第 6 任总裁皮埃尔·杜邦的妹婿之弟、52 岁的沃尔特·S. 卡彭特被公司选中，出任公司第 9 任总裁。在他的领导下，杜邦公司生产了 40.5 亿磅的火药，占战时全国总产量的 70%，比公司在第一次世界大战时总产量增加了 3 倍。1940 年，杜邦公司的营业利润为 1 亿美元，1941 年猛增到 1.58 亿美元。另外，1941 年杜邦公司还从通用汽车公司中捞到了 3700 万美元的红利。在 1941 年至 1945 年的军工生产期间，杜邦公司获得了 741 亿美元的营业利润，3 倍于第一次世界大战时曾使杜邦家族获得"死亡贩子"称号的数字。

杜邦家族得以发家，一方面得益于其灵活的头脑，另一方面也离不开"朝"中有人，其操纵州立宪会议，修改州宪法便是重要的一面。

不懂得多找靠山，就会在一棵树上吊死

有一个硬靠山虽好，但它总有靠不住甚至有倒的时候。只有一个靠山，就等于把赌注都压在一个人身上，一旦这人身败名裂，自己不但失去了依靠，说不定还会跟着他遭殃。因此，聪明的人总是"一颗红心，两手准备"，多找靠山，以防不测，不把鸡蛋全放到一个篮子里。

要想在社会上立于不败之地，有时候需要左右逢源，广交朋友，引以为援。若只顾一人，不及其余，有朝一日，靠山一倒了，则墙倒众人推，自己必然会遭到众人攻击，致使身陷险境。这是欲"靠"者最需用心之处。如不仔细权衡，难保他日平安，特别是在从政为官上，更是如此。以下的故事，教训便极为深刻。吴起是战国时的一位军事家、改革家，为了追求功名，他几乎是六亲不认。他本来在鲁国为官，齐鲁交战时，鲁国国君想任命他为统兵御敌的主帅，偏偏他的妻子是齐国人，便有点信不过他，他为了取信于鲁，竟残忍地杀掉了无辜的妻子。他曾发誓，不为将相，誓不还乡，后来他的母亲病逝，他果然不回家奔丧。

然而，他的仕宦生涯并不顺利，他虽然杀掉了妻子，鲁君依然不信任他。后来到了魏国，为魏国立了大功，又为魏国的贵族所不容。最后，他来到了楚国，深得国君楚悼王的倚重，任命他为相国，主持楚国的变法。他变法的一个主要的内容便是"损有余而继不足"，把矛头指向在楚国根深蒂固、势力雄厚的贵族，剥夺他们的田产，废除他们的特权，并将他们迁移到偏远的地区去开荒种地。

楚国强大了，吴起却孤立了，他遭到了旧贵族势力的强烈反对和憎恨，只是由于楚悼王的支持，这些人一时还奈何不得他。公元前 381 年，楚悼王死了，吴起的后台没有了，那些仇恨积压已久的旧贵族们再也按捺不住复仇之心，立即对吴起群起而攻之。吴起无处可逃，情急无奈，一下子扑到了楚悼王的尸体上，他估计那些旧贵族们投鼠忌器，一定不敢再对他施行攻击的，如果伤害了国君的尸体，那可是灭族的大罪。可那些疯狂的贵族早已失去了理智，什么也顾不上了，乱箭齐发，国君的尸体并没有帮到吴起的忙。

吴起以为，有了楚悼王这样的最高掌权者的支持，他便可以有恃无恐，放手大胆地去干他所想干的一切，而对其他政治势力的态度可以不闻不问。殊不知，在政治舞台上，在官场上，没有永远不倒的靠山，像楚悼王这样地位的人，你将他视为孤注，将一切成功的希望都寄托在他一个人身上，有朝一日，他两眼一闭，呜呼哀哉了，你该怎么办呢？

找靠山也需要一种平衡艺术，既要左顾右盼，照顾到方方面面的利益，又要瞻前顾后，考虑到事情的前因后果。不能只在一棵树上吊死，也不能一条道走到黑。秦国时，吴起的悲剧又在商鞅的身上重演了。商鞅在秦国实行变法之初，反对者数以千计，连太子也不以为然，一再犯法。商鞅说："变法的法令之所以不能贯彻执行，是由于上层有人故意反抗。"便想拿太子开刀，刑之以法。可是太子是国君的接班人，是不能施刑的，结果便拿太子的老师公子虔和公孙贾当替罪羊，一个被割掉了鼻子，一个在脸上刺了字。当时商鞅甚得秦孝公的宠信，权势极盛，太子拿他也无可奈何。

商鞅的变法取得了巨大的成功，经过十几年的时间，秦国的国力得到极大的充实，武力得到极大的增强，由一个西部的边陲小国一跃而成为七雄之首，秦国最后之所以能够统一中国，便是由商鞅奠定的基础。

然而，正当商鞅的权势如日中天之时，秦孝公死了，太子继位，他就是秦惠文王，他一上台，他的老师、那个被割掉了鼻子的公子虔便出面告发，说商鞅想要谋反，惠文王下了逮捕令，商鞅匆匆忙忙逃离咸阳，当他来到潼关附近想要投宿，旅店的主人也不知道他就是商鞅，拒绝收留他，说道："根据商君的法令，留宿没有证件的客人是要进监狱的！"

商鞅这才是真正的作法自毙，他走投无路，被收捕，车裂（即五马分尸）于咸阳街头，家人也被族灭。

常言道，人无远虑，必有近忧。商鞅其人，作为一个改革家，在政治上是极具远见的，他的变法政策，为秦孝公以后几代秦国的国君（包括处死了他的惠文王）所信守，秦国因之而强大。

但他长于谋国，拙于"靠"道，他没有想到，宠信他的秦孝公不可能陪他一辈子，未来的天下毕竟还是太子的，这样的人怎么可以得罪呢？聪明的人都明白狡兔三窟的道理，只有善于经营人际多找靠山，才不至于在一棵树上吊死，才能从容地行走在人生的旅程中。就像一个老于棋道的棋手一样，当你走出第一步棋之后，还要想到第二步、第三步如何个走法，走一看二眼观三，这样你才能在瞬息万变的政治舞台上，始终立于不败之地。而商鞅却只靠在一棵树上"为所欲为"，没有给自己留下抽身退步之地，所以说在改革大业上他是一个英雄，在官场上，他却是个失败者。

依靠圈子办事

依靠圈子求人、办事，渐渐成了国人办事的风气。圈子是一种感情的凝聚和利益的融通，有了圈子也就有了路子、有了利益、有了各种随时可以兑现的希望。

有些动物在进化中，为了有效地保护自己，都形成了自己的保护色，能在不同的环境中变换不同的颜色，从而达到保护自己的作用。圈子的建立也就是为了最大限度地保护圈内人的利益，一个圈子的建立对圈内是好处，对圈外人却形成了壁垒。

如今讲究的是交际圈。不但寻常百姓重圈子，达官显贵也重圈子；不但下级重圈子，上级也同样重圈子。一旦哪个圈子运行不好，出了问题，很可能会影响到他的切身利益甚至仕途前程。

你越与圈内的"核心"关系紧密，你升迁的机会也就越大，或所谓"关系铁"的人，都是些神通广大的人。

法国有本名叫《小政治家必备》的书。书中教导那些有心在仕途上有所作为的人，必须起码搜集 20 个将来最有可能做总理的人的资料，并把它背得烂熟，然后有规律地按时去拜访这些人，和他们保持较好的关系。这样，当这些人之中的任何一个当上了总理，自然就容易记起你来，大有可能请你担任一个部长的职位了。

这种手法看起来不大高明，但是非常合乎现实。一本政治家的会议录中提到：一位被委任组阁的人受命伊始，心情很是焦虑。因为一个政府的内阁，起码有七八名阁员（部长级），如何去物色这么多的人去适合自己？这的确是件难事，因为被选的人，除了有适当的才能、经验之外，最要紧的一点，就是"和自己有些交情"。

要和一些有潜质的人有交情才好办事，不然的话，任你有登天的本事，别人也不会知道。

第四章

经营自己的圈子，提升自己的位子

人们常说，生活就是在钻圈子，从一个圈子里出来，又进入另一个圈子。实际情况也是如此，在上班时我在同事圈里和同事交往，下班无聊时，找朋友聊聊天，又进入了朋友圈，回家后，我们又进入了亲戚圈。但在如此众多的圈子里，最重要的还是与工作有关的圈子，只有你玩转了这个圈子，才能提升自己的位子。经营工作的圈子，无非是处理好与领导的关系，以及与你工作有关的各类人的关系，培养自己的好人缘。只要你具有了自己经营圈子的意识，从以上几个方面入手，就一定能取得事业的成功。

在不同圈子里游刃有余

同样是一个圈子，但有的人在圈中所拥有的人际指数，即所受到的欢迎程度与其他人比并不一样。这种差异从本质上来说，就在于人情世故。一个懂人情世故的人，才能玩转好圈子中的人际关系，才能在不同的交际圈子中游刃有余，其中拥有良好的口才，就是重要的素质之一。

一个人交际能力的高低，主要体现在说话的水平上。因为言为心声，舌战便是心战，语言能征服世界上最复杂的东西——人心。

1954 年，在日内瓦召开了讨论和平解决朝鲜问题和恢复印度支那和平问题的重大国际会议。美国代表团团长、国务卿约翰·福斯特·杜勒斯是一个顽固派，推行敌视和不承认中华人民共和国的政策，他嘱咐美国代表团的成员，在会议厅或走廊上遇见中国人时不予理睬。日内瓦会议举行第一次全体会议之后不久，杜勒斯离开了日内瓦。美国代表团改由杜勒斯的助手沃尔特·比德尔·史密斯将军任团长。周总理觉得美国代表团中并不是每个人对中国的态度都与杜勒斯一模一样，他决定直接同史密斯打交道。

有一次，周恩来走进酒吧，看见史密斯在柜台前正往杯子里倒咖啡，他径直向史密斯走去，伸出自己的手。

史密斯猝不及防，不由一愣，但还是迅速做出了反应。他左手夹着一根雪茄，急忙用右手端起咖啡，故意显示他的双手忙不过来。

尽管如此，周总理已把坚冰打破了。二人进行了短暂的交谈。

不久后，在举行最后一次全体会议时，周总理正在会议休息室里与人谈话。史密斯走上前去向周总理问好，还说总理的外交才能给他留下了深刻的印象，他为能结识总理而感到高兴。

周总理回答说："上次我们见面时，我不是首先向您伸出手了吗？"

史密斯笑了，临走时，用肘碰了碰周总理的胳膊。杜勒斯在日内瓦时，下过一道"不许同中国人握手"的禁令，史密斯不敢违抗，便以"肘"碰"胳膊"的变通方式表达了自己的问候。

在日内瓦会议期间，周恩来与美国代表团打破坚冰的尝试获得成功，为举行中美大使级会谈铺平了道路。周恩来卓越的交谈艺术在国际舞台上写下了精彩的一页。

在人际交往中，语言是最简便、快捷、廉价的传递信息手段。一个说话得体、有礼貌的人总是受欢迎的；相反，一个说话张狂无理的人总是受人鄙视的。一个善于讲话的人，通过出色的语言表达，可以使人对他产生好感，可以与他人友好相处；而一个不善于表达的人，往往会因自己与他人的沟通得不到改善而成为一个孤独的人。

李然和周军是一对好朋友，两人经常在一起玩，互相之间说话也没什么顾忌，还经常开一些别人看来是"不正经"的玩笑。有一次，两人都应邀参加一位老同学的婚礼，李然一看见周军，又想逗乐了，说："老兄，你怎么不把'小蜜'带来呢？"

周军见场上人这么多，怕影响不好，又不想开玩笑，支支吾吾地说：

"你这是什么话，我哪有什么'小蜜'？"

李然哈哈笑道："我跟你是什么关系，你那点事还能瞒得过我？"

"你瞎编什么呀，我对我老婆忠心耿耿，怎么会找'小蜜'呢？"

"得了吧，背地里卿卿我我，潇洒得很，一到了人跟前，就这么不爽快，连承认都不敢。"

周军不敢应战，找个借口溜到一边去了。没想到，这事还没完，因为当时认识周军的人很多，听了李然的话，都以为周军真的找了情人，免不了有一番传说。一来二去，传到周军的妻子秦香耳里，秦香可不干了，要找周军算账。结果，两人打闹了大半年才把这个问题闹清楚。

像李然这样不顾场合地乱说话，不但破坏了他人的家庭和睦，而且会使自己在社交中步履维艰。

社交是一个很大的舞台，在这个舞台上，你怎样才能挥洒自如、灵活应对呢？其中，一个不可忽视的也是最重要的条件，就是说话。在社交过程中，你该怎样开启你的嘴巴呢？

1.应清楚对方的身份与性格特征。性格外向的人易于"喜怒形于色"，和他可以侃侃而谈；性格内向的人多半沉默寡言，对他则应注意委婉地循循善诱。不设身处地替他人着想，只一味夸夸其谈，其结果必然是失掉了一个交谈对象。

社交场合的交谈不仅是门技术，更是一门艺术。灵活巧妙的语言能够帮助你顺利打开人际交往的新局面。掌握了以上的交谈技巧，并将其成功地运用在社交场合，你便可以在社交中游刃有余。

2.应先了解对方的一些情况。在应酬当中，不同的人的思维方式迥然不同，你有你的观点，他有他的想法，交谈能否融洽，则在于你话题的选择。如果你不了解他的情况，只顾自己一味地夸夸其谈，他肯定没有兴趣同你交谈；如果你知道他现在想要知道的，迫切需要了解的话题，同他促膝长谈，他肯定会耐心地倾听你的述说的。

3. 要常常保持中立，保持客观。根据经验，一个态度中立的人，往往可以争取更多的朋友。对事物要有衡量其种种价值的尺度，不要顽固地坚持某一个看法；假若有必要对事情保守秘密时，一个人不能保守秘密，会在很多事情上都出现过失。不要说得过多，想办法让他人说话。如要对人亲切、关心，应竭力去了解他人的背景和动机。

假如在交谈中，不顾对方的心理变化，而一味地去将想法统统搬出来，那么，你是得不到他人的认同的，一厢情愿地谈话往往会让对方厌恶。

不该说话时说了，是犯了急躁的毛病；该说话时却没有说，从而失掉了说话的时机；不看对方的态度便贸然开口，叫做闭着眼说大话。

在交谈过程中，双方的心理活动是呈渐变状态的，这就要求我们在和人交谈中应该兼顾对方的心理活动，使谈话的内容和听者的心境变化相适应并同步进行，这样才能让交谈的意图明朗化，从而引起共鸣。

从朋到友

加入了一个圈子，就意味着你是圈子中的一员，但并不意味着你与圈子成员中每个人的关系都很好，把圈子里的一般朋友变成自己的知心朋友，还需要你带着一颗诚心去经营，交友贵在诚。不管一个人的相貌、学历、出身如何，只有带着真诚的情感跟别人交往，才能赢得知心的朋友。

只有充满真诚的言行，才能赢得别人的心，才能交到知心的朋友。也就是说，在交友的过程中，唯有真诚才能换来真诚的朋友。

东汉时，曾有一位为人称赞的典范，他名叫荀巨伯。此人交朋友特别讲求诚挚，重视"义"字。

有一天，荀巨伯正在房中闲坐，忽然外面有人送进一封书信。荀巨伯打开一看，是自己的远方朋友。信中说："伯兄，别来无恙！愚弟自与兄相识，亦有几度春秋。心中感幸。古人云：'人生得一知己足矣'，与君促膝而谈，共话世事短长，何其乐哉！奈何来去匆匆，聚时不易，别时也难。千里之遥，遥不可闻，天涯咫尺，共祈明月。

"无奈那日染病卧床，僵直难动，抬手举目亦是疲累，念去期之不远，恐弗能与君再会，心中愈感凄凉。此修书一封，薄纸片语无以尽述其意，唯兄知之。"

荀巨伯读完信，心中一颤，来不及多想，忙收拾东西，打好包裹上了路。朋友远在千里之外，荀巨伯星夜赶程。走了好几日，来到朋友所在的郡地时，却发现此地被胡人团团包围了。

当时，随他同行的人都劝他说："最好还是别进去了，胡人野蛮，弄不好会丢掉性命的。"

他却什么也没有说，自顾前行。

他潜入了城中，城中已是慌乱纷纷。荀巨伯看着狂奔的人群，望着凌乱不堪的城镇街道，心中倍感凄凉，更想到友人卧病在床，心中酸楚，急急寻找朋友居处。

当朋友睁开微弱的双眼见到荀巨伯时，眼睛突然放出异彩，挣扎着颤抖的双手想坐起来，荀巨伯赶紧迎过来伸出双手将他扶住，让他不要动。朋友望着风尘仆仆的荀巨伯，泪水在瘦削得不成样子的脸庞上滚动。喉间咕咕直响，却哽咽着说不出话来。荀巨伯握着友人枯瘦的手，望着瘦骨嶙峋的友人，也止不住掉下泪来，凄声地说："愚兄应早早赶来才是，愚兄——"

那朋友用微弱的气力使劲摇了摇头，眼睛闭了闭，用细弱的声音说："不，你不要这样说——在这样的时候，从那么远的地方，你却赶来看望我——我——不知该怎样感谢你才好，——我——，我恐怕是没有几天时日了。现在又遭胡人侵掠，怕是城镇不保。对于一个将要死的人来说，谁来侵略就只管侵啦，一切都无关紧要了。——可是，你必须赶快想办法离开这里，我在临死之前能够见君一面也就心满意足了，——我——不愿让你因我的拖累而遭到什么不幸，你快走——"

说着，将手从荀巨伯手中抽出来，示意荀巨伯快去逃命，荀巨伯听完立刻说："你这是什么话？你把我当成什么人啦？你病成这样我怎么能抛下你不管呢，那还算什么朋友，你未免太看扁我啦？"那位朋友苦笑一下，泪水再次涌出，感动得说不出话来。

胡人很快破城而入，四处搜索，抢掠财物，但家家户户已是凌乱不堪，逃的逃，散的散，唯独有一院户秩序井然。胡人进来后见院中一切都很平静，不觉生奇，破门涌入室内，却见一人安然坐在屋中，他们进来后，那人只是看了他们一眼，随即又手端药碗给床上躺着的人喂药，这正是荀巨伯和他的朋友。

胡人当即火冒三丈，大发淫威："我大军所到之处，无不望风而逃，你是何人，竟如此大胆，轻视我等，莫非你要一个人挡住我勇武大军吗？"

荀巨伯将药碗放到床边的方桌上，站起来冲胡兵们一抱拳，说："请你们不要误会，我也不是这里的人，我的家距此有千里之遥。我到这里来是为了看望这位病重的朋友，不想与贵军相遇。现在我的朋友病情很严重，危在旦夕，而由于贵军的到来，大家逃的逃，走的走，可怜我的朋友无人照料。我是他的朋友，理应在此照料他，并非有意与你们作对。如果你们不肯放过我们，定要杀的话，我请求你留下我的朋友，他是一个病人，要杀就杀了我吧！"

说着，将头向前一伸。胡人听完当即全都惊愕在那里，面面相觑，相视无语，又看看手中亮光闪闪的钢刀。半晌，一个头领说："想不到竟还有如此坚守道义的人，我们以不义之师侵道义之地，实乃罪过！"说着，冲其他人一挥手，"走吧！"

患难见真情！荀巨伯真诚的言行不仅打动了挚友，甚至打动了胡人，可见，真诚同样具有无与伦比的威力！

一个善于交友的人，一定是个能为对方着想的人，不仅会懂得"锦上添花"，更会懂得"雪中送炭"的艺术。

俗话说，"人心换人心"，你若想别人关心尊重你，你就必须对别人也付出一份真心。一个善于交朋友，关心、体贴别人的人，一定是个能为对方着想、欣赏对方、处处满足朋友需要、解决他们的困难，而又避免去麻烦对方的人。所以，要成为受欢迎的人，不仅要能够"锦上添花"，更要懂得"雪中送炭"、"人心换人心"的艺术。

有一句话常用来形容人世沧桑，我们拿它来解释朋友之间的相处之道，也颇合宜——"眼看他起高楼，眼看他楼塌了"，而不管他楼起、楼塌，是真朋友就长伴左右，绝不因对方的穷富而改变人情的冷暖。换言之，别人起高楼，你要有为他祝福、欣赏他能力的胸襟；当他时运不济时，你可别幸灾乐祸，而要以实际的行动安慰鼓励对方。

如果说，你能将关心、体贴的心意建立在这种风度上，你对别人的关心和体贴才是真心诚意的，而不是茶余饭后一声"吃饱了吗？累了吗"的随口问候，别人也才会以真心来回报你。也许，社交场合讲究的是方法、手腕，而不以"关心与体贴"是最重要的，但是，别忘了古训"路遥知马力，日久见人心"这句话，只有真情才能历久弥新，使友谊的芬芳愈陈愈香。如果你始终以同样的一颗赤诚之心与人相处，还怕没有朋友吗？如此久而久之，你就是社交场合中最受欢迎的"名人"了。

真诚地交谈是朋友间真诚相待、关系融洽的表现。不能做到这一点，友情便会淡化。维也纳著名心理学家阿尔弗列德·阿德勒在《生活对你意味着什么》一书中写道："谁不对自己的友人真诚，谁就会在生活中遇到最大的困难，就最容易伤害别人。人类的一切败事曾出于此。"所以，在交友的过程中，要以真诚的心去对待朋友，所谓人心换人心，你的真诚一定能够赢得最真诚的朋友。

巧避锋芒，得饶人处且饶人

构建一个良好的圈子和融入这个圈子并不容易，往往是经过长时间的经营而形成的。对此，应懂得呵护，如果不知道呵护，就会很容易使关系陷入于僵化之中。在与他人的交往过程中，难免会发生争执。当双方的争执已经发展到"剑拔弩张、一触即发"的状态时，得理占势的一方应当有"得饶人处且饶人"的古训，而不应该对另一方穷追猛打。

当然，"饶人"也需要讲究语言的艺术，就是要在无损双方面子和尊严的情况下达成一定的妥协。

要做到这一点，就要注意选择恰当的语言方式和技巧：

1. 搭台阶，"你好我好"巧圆场。在日常交往中，有些人特别固执己见，常为一些小事同他人争论，并且火药味儿十足。这时，有理的一方应有饶人的雅量，可以一面解释一面调和，最好使用不带刺激性的"各打五十大板"或者"你好我好"的语言，避免冲突扩大。

有一次，王先生上岳父家去吃饭，进餐时同岳父聊起了一条高速公路的修建问题。王先生强调：公路的进度一再推迟，是有关方面的一个严重错误；而岳父则不同意，认为公路本来就不该兴建。两人你一言我一语，争论渐趋激烈。那位泰山大人把问题扯到"年轻人自私心重，没有环保的意识"上面，显然是在批评王先生。王先生怕再争论下去伤和气，便开始缓和下来，婉转地说："可能我们的看法永远也不会合辙，可是，那没有什么。或许我们都是对的，或许我们都是错的，这也是未可知的事情。"

　　王先生的一席话，不仅给自己搭了个台阶，也给对方打了圆场，避免了双方争论不休，矛盾扩大，影响感情。试想，如果王先生意气用事，与岳父争论下去，结果会怎么样呢？很可能惹火老岳父，被臭骂一顿。

　　2. 息干戈，妙设难题巧诫人。在双方激烈的争辩中，占理的一方如果认为说理已无法消除歧见，不妨采取一种"外强中干"的警示性语言中止争论，将一个两难选择摆在对方面前，就能收到警示对方、平息干戈的效果。

　　生物学家巴斯德，一次在实验室工作时，一位男子突然闯了进来，指责他诱骗了自己的老婆，争论中对方提出了决斗。清白无辜的巴斯德完全可以将对方赶出门去，或奋起决斗，但是那样并不能解决问题，甚至会造成两败俱伤的恶果。这时候巴斯德沉着地说："我是无辜的……如果你非要决斗，我就有权选择武器。"对方同意了。巴斯德指着面前的两只烧杯说："你看这两只烧杯，一只有天花病毒，一只是净水。你先选择一杯喝掉，我再喝剩下的一杯，这该可以了吧？"那男子一下子怔住了，陷于难解的死结面前，只得停止争论与挑战，尴尬地退出了实验室。

　　正是巴斯德提出的绵里藏针的难题，才使决斗告吹，矛盾就这样止息了。

　　3. 化窘迫，类比影射巧暗示。一般来说，争辩中占有优势的一方，千万别把话说得过死、过硬，即使对方全错了，也最好以双关影射之言，迫使对方认错道歉，从而体面地结束无益的争论。

　　一位顾客在一家餐馆吃饭，发现汤里有只苍蝇，不由得大动肝火。他先质问服务员，对方全然不理。他找到了餐馆的老板，抗议道："这一碗汤，究竟是给苍蝇的还是给我的，请解释。"那老板只顾训服务员，却不理睬他的抗议。他只得暗示老板："对不起，请您告诉我，我该怎样对这只苍蝇的侵权行为进行起诉呢？"老板这才忙换来一碗汤，并谦恭地说："你是我们这里最尊贵的客人！"

显然，这位顾客虽理占上风，却没有对老板纠缠不休，而是借用所谓苍蝇侵权的类比之言暗示对方："只要有所道歉，我就饶恕你。"这样，很自然地就既幽默风趣又十分得体地化解了双方的窘迫。

4.止争吵，幽他一默巧解纷。人与人交往的过程中，发生争吵在所难免，甚至夫妻那样的亲密关系，也不会例外。这时候，最好的方式是使用调侃、幽默的言语，浇灭对方的怒气，达到释疑解纷的效果。

有一女子虚荣心很重，当夫妻商量出席友人的婚礼时，她缠着丈夫要买一顶昂贵的花帽。此时正值夫妻闹"经济危机"，丈夫自然不肯答应。争吵中，妻子赌气地说："人家小张和小王的爱人多大方，早就给她们买了这种花帽，哪像你，小气鬼！"丈夫不愿争论，只是故意夸张地说："可是，她俩要是有你这样漂亮，还用买帽子装饰吗？"妻子一听这幽默的赞语，不觉转怒为笑了。

5.息怒火，诚恳解释巧劝慰。人和人交往过程中的争辩，大多是由于互相不了解，有失沟通造成的。这时，得理的一方最好是多加解释、设法沟通或者道歉、劝慰，与对方达成谅解或共识。

一家医院里，病人挤满了候诊室，一个病人排在队伍中，将手上的报纸都看完了也没有挪动一步。于是他怒火中烧，敲着值班室的窗户对值班人员大喊："你们这是什么医院？这么多人排队你们看不见吗？为什么不想办法解决？我下午还有急事呢！"值班员面对病人的怒火，耐心地解释说："很抱歉，让你等了这么久。是这样的，医生去手术室了，抢救一个危重病人，一时脱不了身。我再打电话问问，看看他还要多久才能出来，谢谢你的耐心等候。"

患者排大队得不到及时的诊治，责任并不在那个值班员的身上，但是面对病人的错怪，他却沉住气，一面解释，一面劝慰，这就比以怒制怒、火上浇油的回答好多了。

相信，有了以上这些恰当的语言方式和技巧，任谁都能拥有一个良好的人际关系。

要懂得宽恕之道

同在一个圈子里混，别人做错事，或得罪了你，都是不可避免的，这时你就要做宽恕，宽恕不仅是为别人考虑，更是在为你自己着想，一个不懂得宽容的人是成不了大事的，在一个共事的圈子里，处处是矛盾、事事有冲突，试想在这种情况下，你又怎能做出成就呢？

一位在山中茅舍修行的禅师，一天夜里从林中散步回来，看见一个小偷正在房间里行窃。找不到任何财物的小偷要离开的时候，在门口遇见了禅师。原来，禅师怕惊动小偷，一直站在门口等待，他知道小偷一定找不到任何值钱的东西，于是就把自己的外衣脱掉拿在手上。

小偷遇见禅师，正感到惊愕的时候，禅师说："你走老远的山路来探望我，总不能让你空手而回呀！夜凉了，你带着这件衣服走吧！"

说着，就把衣服披在小偷身上，小偷不知所措，低着头溜走了。

禅师看着小偷的背影穿过明亮的月光，消失在山林之中，不禁感慨地说："可怜的人呀！但愿我能送一轮明月给他。"

禅师目送小偷走了以后，回到茅屋赤身打坐，他看着窗外的明月，进入梦境。

第二天，他在阳光温暖的照耀下，从极深的禅室里睁开眼睛，看到他披在小偷身上的外衣被整齐地叠好，放在门口。禅师非常高兴，喃喃地说："我终于送了他一轮明月！"

这位禅师表现出来的慈悲宽怀之心，感化了小偷的灵魂。

这则禅悟哲理的故事告诉我们，宽容别人不会使你失去什么，反而会使你得到很多。

在这个世界里，我们各自走着自己的生命之路，熙熙攘攘，难免有碰撞。即使最和善的人也难免有时要伤到别人的心。一个朋友背叛了我们，父母辱骂了我们或兄弟离开了我们，都伤害了我们的心。说不定就在昨天，或许是在很久以前，某个人伤害了你的感情，而又难忘掉它。你不该得到这样的损伤，因为他深深地印在你的记忆中，在那继续伤害你的心。

一位哲学家讲过，堵住痛苦的回忆激流的唯一方法就是原谅。但对普通人来说，原谅别人不是一件容易的事情，一般人看来原谅伤害者几乎不合自然法则。我们的是非观告诉我们，人们必须承担他所做事情的后果。但是原谅则能弥合旧隙，相互谅解。

很多作家告诉我们，原谅可以使我们更"美好"，但很少有人理解到原谅别人可以让自己得到快乐。更多的人把原谅误解看做高尚之举，因为原谅可以使我们的地位更优越，甚至是压倒敌人的一种方法。大主教狄罗逊曾经说过："当对方有伤害之心时，我们则以仁慈对他，这是我们对他人所能取得的最光荣的胜利。"这里把原谅作为有效的报复武器。一个典型的例子是：妻子发现丈夫不忠，经过别人的劝告之后，她决定"原谅"他，因而既没有争吵，也没有离开他，从一切外在举止上看，她是一个"尽了责任"的妻子。她把房间打扫得干干净净，每顿饭也准备得很周到，等等。但是，她用很巧妙的手段，用冷峻的面容表情，用炫耀她道德上的优越感折磨他。这种原谅是报复性的原谅，而不是治疗性的原谅。正如有人所说："我能原谅，但我不能忘却。"这句话其实就等于"我不原谅"。真正的原谅就是被遗忘，就像一张注销的票据，撕成两半，然后烧掉它，使人永远忘记它。

当人们受到不公平的待遇或心灵创伤之后，自然对伤害者产生不同程度的怨恨情绪。一位离婚的妇女希望她前夫的生活过得艰难落魄；一位男子希望那出卖他的朋友被解雇。怨恨是一种被动的和侵袭性的东西，它像一个化了脓的、又不断长大的肿瘤，它使我们忘却欢笑，损害健康。怨恨更多地危害了怨恨者本人，使自己拒绝了幸福美好的生活。一位女士受到某个男人的"伤害"，就再也不相信任何男人；一个男人的求爱被某个女人拒绝之后，就发誓将来永远不同任何女人进行感情的接触。这种情感上的"疤痕"很可能使自己变得心肠冷酷，与生活失去了联系。因此，为了我们自己的幸福，我们必须割除这个肿瘤。下面是帮助你原谅别人过错的几种方法。

第一，放弃怨恨。没有人愿意承认他恨别人，这种藏在心底的怨恨却常常在平静的表面奔流，损伤着我们的感情。承认怨恨，就等于强迫我们对灵魂施行手术，以求早日痊愈，即做出原谅的决定。我们必须承认所发生过的一切事情，面对另外一个人直接地说："他伤害了我。"

丽兹是某大学的一名副教授，她是一个很称职的教师。她的系主任答应替她向教务长请求提升她。然而，在他向教务长提交的报告中却严厉地指责了丽兹的工作表现，以致教务长对她说："走吧，你只好另谋职业去了。"丽兹恨透了系主任对她的诋毁。但她还要从他那里得到一张推荐函，以便另找工作。当系主任对她说："真抱歉，尽管我在教务长面前为你说了许多好话，但仍然不能使教务长提升你。"她假装相信他的话，但她难以忍受这口怨气。一天，丽兹告诉系主任她已经知道了事情的真相，而他却断然否认了这件事。这使她看出他是多么可怜、多么卑微的人，于是她感到不值得和他生气，并最后决定把这桩事情抛在一边。

第二，将错事和做错事的人区分开来。人们往往把人的错误与人自身画了等号，从而混淆了自己的认知。其实，错误的事情和做错事的人是不同的。我们常说，他犯了一个错误，但不是说他就是一个错误。要区分这一点，首先要重新估计这个人，他的优点、他的缺点以及他的错事所处的环境。

16岁的小丽是一个爱幻想的少女，她小时候就被她生身父母遗弃了，对此她十分愤恨。她不明白，为什么她不值得她母亲亲自来抚养。后来她才发现生身父母很穷，并且生她时还未结婚。

吃了一点亏，就耿耿于怀，总想找个机会报复回来，这样的人在社会上肯定被孤立，最后甚至会弄得自己四面楚歌，所以做人一定要能够宽容别人。

别只顾着自己表现

有些人在圈子里混，信仰的是强者之美，认为做人就该多想着自己、多表现自己，只有多表现，才能成为圈子的核心或领导者，只有在圈子中多表现，别人才会注意到自己，进而崇拜自己。至于别人怎么看，自己才不在乎呢。然而这种为人处世的方法是存在很大问题的，一个不顾及别人的人很难获得别人的认可。

有的人说话，从不顾及别人的态度与想法，只是一个人滔滔不绝，说个没完没了，讲到高兴之处，更是眉飞色舞，你一插嘴，立刻就会被打断。这样的人，还是大有人在的。李晓就是这样一个人，只要他一打开话匣子，就很难止住。跟他在一起，你就得很不情愿地当个听众。他甚至可以从上午讲到下午，连一句重复的话都没有，真不知道他的话都是从哪来的。每次他找人闲聊，大家都躲得远远的，因为和他在一起实在没劲。

人与人交往，重要的是双方的沟通和交流。在整个谈话过程中，若只有一个人在说，就不容易与对方产生共鸣，达不到沟通和交流的效果。就是说，交谈中要给他人说话的机会，一味地唠叨不停就会使人不愿意与你交谈。

每个人对事物的看法各不相同，如果你在与他人交往的过程中，把自己的观点强加给别人，就会引起他人的不满。其实，每个人由于生活经历不同，对事物的认识也会不尽相同，各持己见也是很正常的现象。但是当他人提出不同意见时，就断然否决，把自己的观点强加给别人，这样必定会给人留下狭隘偏激的印象，使交谈无法进行下去，甚至不欢而散。当你与他人交谈时，应该顾及对方的感受，以宽容为怀，即使他人的观点不正确，也要坚持与对方共同探讨下去。

林枫是某大学外国语学院的学生会会长，能言善辩，口才极佳。但他有一个特点，凡事争强好胜，常因为一些问题的看法与别人争得面红耳赤，非得争个输赢出来才肯罢休，总认为自己说的话有道理，别人说的话没道理，别人的看法和观点，常常被他驳得体无完肤。大家讨论什么问题时，只要他在场，就会疾言厉色，一会儿反驳这个，一会儿又批评那个，好像只有他一个人是正确的，别人都不如他。如果不把死的说活，活的说成仙，就不会善罢甘休。就这样，常常会把气氛弄得很紧张，最后大家只好不欢而散。

还有的人，十分热衷于突出自己，与他人交往时，总爱谈一些自己感到荣耀的事情，而不在意对方的感受。33岁的A女士就是这样一个人，不论谁到她家去，椅子还没有坐热，就把她家值得炫耀的事情一件一件地向你说，说话的表情还是一副十分得意的样子。一位老同学的丈夫下岗了，经济上有点紧张，她知道了，非但没有安慰人家，反而对这位同学说："我家那口子每月工资6000元，我们家怎么花也花不完。"她丈夫给她买了一件漂亮的衣服，因为很值钱，她就跑到人家那里去炫耀："这是我丈夫在香港给我买的衣服，猜一猜多少钱？ 1800元。"说完一脸得意的表情，这表情好像就在对人说：怎么样，买不起吧？

表现自己，虽然说是人的共同心理，但也要注意尺度与分寸。如果只是一味热衷于表现自己，轻视他人，对他人不屑一顾，这样很容易给人造成自吹自擂的不良印象。

有一个人，刚调到公司的时候，为了让别人尽快地了解他，给别人留下深刻的印象，处处表现自己。本来是领导已经知道的事情，他偏偏要去积极地汇报。在同事面前，天天都说自己有学问，有能力，说以前在某某单位时，自己干得多么出色，在上大学的时候，成绩是多么好，老师多么器重他，同学们多么佩服他。刚开始，大家还认真地听他说。后来，大家对于他的表现都十分反感，觉得他太爱表现自己了。

一次，领导问大家："有一项工作，谁能够胜任？"他一看机会来了，就抢先向领导说："我能干好。"弄得大家心里都不太痛快。其实，他根本就没有把握，可是为了表现自己，就打肿脸充胖子地揽了下来。但接下来，他可就犯了难，自己对这件工作真的是没有把握，做好做坏，心里一点儿底也没有。看得出来，他有向同事求救的想法，可是大家心里暗笑，没有一个人帮他。有一位同事说："没那金刚钻，别揽瓷器活儿啊。"逗得大家哈哈大笑，他也只好一脸的苦笑。后来，这项工作他没有按时完成，领导非常生气，批评了他。一位同事对他说："你也该接受教训了，以后踏踏实实地工作吧。"说得他不断地点头。

一个人在与别人相处和交往的时候，要多注意别人的心理感受，只有抓住了别人的心理，才能真正赢得别人的赞赏与好感。如果你只知道表现自己，抢着出风头而不给别人表现的机会，你就会遭到别人的怨恨，使自己陷入尴尬境地。

表达不当，忠告也会逆耳

忠告，对于帮助圈子朋友的提高和建立你与圈子成员真诚的人际关系，起着难以替代的重要作用。可以这样说，不能给予他人忠告的人不是真诚的人，因为这样的人不会将自己的真实感受告知对方。

我们应欢迎他人的忠告，更应该给人以忠告。实际上，一般人都讨厌忠告，忠告听起来总是不那么顺耳。究其原因，就是由于说者言语表达不当的结果。

人是一种感情动物。一般人很容易受感情的支配，即使内心有理性的认识，但仍然容易受反感情绪的影响而难以听进忠言。

一个中学生在外面游荡一天之后心生悔意，暗暗下决心回家学习。他一走进家门，当母亲的就急不可耐地对儿子说："你又到哪里疯去了？还不快去复习功课，看你将来还考得上大学吗？"儿子生气地顶撞母亲说："哼，上大学，上大学，我就不信不上大学就混不出人样！"在逆反心理的驱使之下，儿子怒气冲冲地跨出了家门。就这样，母亲的一番苦心白费了。

看来，仅有为别人着想的良好愿望还不行，忠告也需要有技巧，否则就会收到相反的效果。在给他人提出忠告时，假如能够注意忠告的三个要素，你的忠告就会被人接受，忠言听起来也就不会逆耳了。

1. 不要用比较的方式提出忠告。就是不要以事与事、人与人相比较的方式提出忠告。因为此时的比较，往往是拿他人之长比对方的短，这样很容易伤害对方的自尊心。

一位母亲这么忠告自己的儿子："我说小朋，你看隔壁家的小明多有礼貌，多乖！你和人家同年生，你还比他大两个月，你要好好向他学习，做个好孩子！"儿子听了母亲的话，或许会一言不发，但他内心的真实想法是："哼，整天说小明这也好那也好，干脆让他做你的儿子好了！"这样一来，儿子的自尊心受到了伤害，母亲的忠告反而起到反作用。

2.给人忠告要谨慎行事。说到底，忠告是为了对方好，为对方好是忠告的根本出发点。由此，要让对方明白你的一番好意，就必须谨慎行事，不可疏忽大意、随便草率。此外，给人忠告时，态度一定要谦和诚恳，用语不能激烈，也不要过于委婉，否则对方就会产生反感情绪。由于用语激烈，对方就会认为你趁机教训他；言语过分委婉，对方就会认为你假惺惺。

3.给人忠告要选择适当的时机和场合。当你的下属尽了最大努力而最终没有将事办好时，此时最好不要向他们提出忠告。假如你这时不合时宜地说"假如不那样就不会这么糟了"之类的话，即使你指出了问题的要害，句句在理，而下属心里却会产生"你没看见我已经拼命努力过了吗"的反感，这时，忠告的效果当然不会好。相反，假如此时你能说几句"辛苦你了"、"你已做了最大努力""这事的确比较难办"之类的安慰话，然后再与下属一起分析失败的原因，最终下属就会欣然接受你的忠告。

此外，在什么场合提出忠告也很关键。原则上讲，提出忠告时，最好采取"一对一"的方式，千万不要当着他人的面向对方提出忠告。因为这样做，对方就会受自尊心驱使而产生抵触情绪。

综上所述，在我们向他人提出忠告时，一定要讲究方式方法，特别是要注意语言表达方式，使忠言听起来不逆耳，这样才能不伤害他人的自尊心，让他人欣然接受，最终达到忠告的目的。

在圈子中寻找机遇

人生中的很多机遇，都是在与他人交往过程中出现的，有时甚至是漫不经心的，朋友的一句话或关心、帮助都可能化为难得的机遇。

每一个伟大的成功者背后，都有另外一个成功者的支持。在许多情况下，人们都是靠着他人的推荐、提供信息与其他各方面的帮助，才获得了难得的机遇。

成功人士几乎都有一项特长，就是善于观察、了解、学习他人，并且拉近、保持与这些人的关系，进而动用这些关系。这可是全世界的成功者共同的特质，同时也是最宝贵的经验。

从某种意义上讲，任何人都需要借助各种各样的圈子来寻找机遇。

纯粹意义上的赤手空拳打天下、白手起家是不存在的，也是不现实的。大凡成功者必善利用各个圈子中的人际关系，从而使自己拥有一双能翱翔寰宇的羽翼，比他人飞得更高、更远。

当今时代，本领再大的人，仅凭一人之力，势必寸步难行。由此，要想成功，就得借用各个圈子中的人际关系，善于借用各种关系是成功的关键所在。借用各种关系，即充分利用各种人际关系的资源，借势造势，借力发力，借光沾光，借用各种可借的关系，使自己的目标轻而易举地达成，使自己期望的梦想凭借好风，已成为共识直上青云。在一个遍布各种网络，交织各种关系圈的当今社会中，会借者成，善借者赢，已成为共识。

当今时代处处充满着机遇与挑战，无论做什么事，都要面对激烈的竞争与复杂的关系。虽然人人都渴望成功，但是事实告诉我们，要想成功，没有自己的圈子是不可能——圈子决定成败。

对圈子的维系，很多人都认为可有可无，甚至有些人会觉得这是在浪费时间，然而他们却有所不知，圈子的力量是巨大的。人作为一个独立的社会个体，是无法脱离群体而单独存在的。无论你是否愿意，你都必须承认，在当今社会，任何一个人都不会仅仅依靠自己的力量活下去。由此，当我们在探讨一个成功的典范时，最原始的评价基础是：这个人，不管他本身的能力怎样，假如没有周围各种关系的协助，他是无论如何都不能取得成功的。

美国著名的杂志《人际》在 2002 年发刊词中有这样一段话："如果不相信，你可以回忆以往的一些经验，你会发现原本以为是自己独立完成的事，其实，背后都有他人的协助。因此，无论在什么场合，你都应该尽量表现出真正的自己与自己真正的能力，他人将会给你很多有用的建议。绝不可低估人际关系的力量，否则你将白白失去有利的帮助之力。"

美国西北铁路公司前任总裁史密斯曾经说过："铁路的成分中 95% 是人，5% 才是铁。"可见，没有与圈中人的交往与互助的人生是不可想象的，也是近乎天方夜谭，谁都不能回避它在生命中所占的重要位置。既然如此，我们别无选择，只能去正视它、利用它来创造我们在社会生活中的优势，从而达到自己理想的目标。

随着知识经济时代的来临，在社会的发展中构建交际圈的目的性会更强。由于所有的人都希望实现自我利益的最大化，而与各利益主体建立良好的圈子关系恰恰是实现这一目标最方便快捷的途径，由此，圈子的价值被越来越多的人所重视。

曾经有很多人这样认为："30 岁以前靠专业赚钱，30 岁以后靠圈子赚钱。"可见维系圈中关系的重要性。

人的交往越广泛，社会关系越多，人生中的机遇就会越多。当然，当你准备与他人建立交际圈时，必须独辟蹊径，有效地争取他人的兴趣、好感与信任，千万不能落入俗套，否则他人就不会搭理你。

另外，还要注意一点，在与他人交往和建立圈子的过程中，绝对不要急功近利。

尽管机遇是在交往中实现的，但在初步交往中，人们很可能没有看到这种机遇，假如由此而冷漠了圈中的人际交往，就会使你的交往变得毫无价值。

真正形成可靠、牢固的社会关系之前，人们往往无法判断出这种交往是否包含着更大的机遇，因此，你要具备一定的耐心与恒心。

动用一切关系

在竞争激烈的当今社会中，仅凭一己之力打天下，很难获得成功。很多成功者的经历证明，一个人的成功，离不开各个圈子和圈子中不同朋友的支持与帮助，善于打入不同类型的圈子，会拉关系的人，不仅到处受欢迎，并且遇事有人帮，办事处处通，不知不觉中，会增加成功的概率。

比尔一直在一家大公司做初级会计的工作。在公司各部门几经调整后，他感到各方面的业务都应付自如了，他希望从中西部调到佛罗里达州去，由于他同他选择的这个州的各家公司都没有任何关系，也只能给他所知道的各家公司写信或与职业介绍所联系，但都没有得到满意的答复。于是比尔决定通过自己的交际圈来办成这件事，他动脑筋搜寻了一下他所能利用的各种关系，最后列出了很多人的分类表。

从分类表中，他选出可能帮上忙的一些关系，之后，他记下了这些人，他们都直接或间接地同他想去的佛罗里达州有联系，并且同会计公司有关。最后他再进一步考虑，他们中间哪些人同会计公司的关系更为密切。他选中了两个人：一个是他的老板，大卫先生；一位是玛丽，他妹妹的好朋友。

他的下一步行动，也是最重要的一步就是找到这些能够帮助自己的对象，以得到他们的帮助。而一旦这个能帮助他的对象需要得到帮助，他就去以报答的方式使其愿望实现。

他知道，玛丽对参加一个女大学生联谊会十分感兴趣。办法终于有了，他认识保罗的一个兄弟阿伦，他的表妹正好是这个联谊会的成员。比尔结识了阿伦，通过阿伦介绍玛丽见到了他的表妹与联谊会的委员。为此玛丽举办了一个晚会，并在晚会上把比尔介绍给她的父亲。尽管这位律师同在佛罗里达州的任何一家商务公司都没有直接的关系，但他在那里的律师圈子里很有声望，通过他的一位朋友帮助，找到了一家职业介绍所的总经理，并通过多方努力使比尔终于得到了满意的职位。

一个人的进步，无论是职位的升迁或是工作的变动，得益于自己各方面的社会关系。调查表明，通过朋友与亲属的帮助得到好的职位，较之通过其他社会关系成功的概率要高得多。为了发展，你需要社会的帮助，因为你的聪明、才智、受教育的状况、工作上的勤勉、鲜明的个性特征还不足以使你为社会所承认，你还必须让更多的人了解、帮助你。

要使他人了解、帮助自己，并不是一件很困难的事，你所需要知道的是一些方法，这些方法在你爬上成功的阶梯时会对你有所帮助，你必须懂得怎样寻找让他人了解、帮助你的机会，同时设法使他人了解、帮助自己。

要想更好地利用交际圈，首先让朋友、亲属、伙伴知道，你正在处理一件重要的事，你需要一个人际关系的联络网。无论你的名声怎样，权势多么显赫，你的老关系总会通过这样或那样的途径对你有所帮助。这种途径的最重要的经纬线是由权力和信息的聚合物产生的。不过在这种交际圈中，还应考虑到一些相互作用的方法。这种交际圈的作用涉及你自身素养之外的领域。这种交际圈，不是各种乱七八糟的社会关系的大杂烩，而是同你的目标相联系的，是由各种社会关系组成的媒介，这种媒介的作用有时是十分人的。

为了充分扩大你的交际圈，应记住这些重要的原则：

1.列人名表。列出一张人名表，表上列出同你所希望接触的社交领域有联系的人，挑出最有可能助你一臂之力的人。

2.建立更广泛的联系。为了建立交际圈，你应善于把自己同他人联系起来，你可以通过公司的同行或朋友建立同别人的联系。

3.让更多的人了解你。不论你想向哪一个方面发展，你必须让自己和自己的成就为他人所了解，尤为重要的是能够影响你命运的人了解你。当然，让他们知道你的存在是你自己的事，但你必须让他人发现。因为不论你工作如何勤勉，长得如何漂亮，你抱负有多大，假如你从上午9点到下午5点，一直待在办公室里埋头苦干，那么，你就根本无法实现你的目标。记住，人际关系好也会帮助你实现自己的目标，假如你一天到晚粘在办公桌边，只会使你的发展就此停止。

4.把自己同组织、团体联系起来。记住，你现在的工作不是你非得干一生的岗位，除此之外可能还有更理想的岗位。由此，你应把自己同组织、团体联系起来。

世界顶尖的激励大师安东尼·罗宾说过："人生最大的财富便是人际关系，由于它能为你开启所需能力的每一道门，让你不断地成长，不断地贡献社会。"当代社会，人际关系已经被越来越多的成功者所推崇，其重要性也为越来越多的人所认识，"动用一切关系"已成为人们所公认的事实。

凭借着关系所搭建起的网络，你与成功的距离将会从千山万水缩短到指尖毫厘。成功者相信人际关系的力量能够扭转乾坤，变荆棘为坦途，他们并不是第一个吃螃蟹的人，他们只不过是其中的先行者而已，并且从中品尝到了美味。螃蟹的味道又有谁不喜欢呢？那就赶快行动吧！记住，"动用一切关系"，关系多，好办事，处理好、利用好你的人际关系，关系永远是你成功的关键！

管理好你的关系存折

在银行里开个户头，你就可储蓄闲散的资金，以备不时之需。与人联络感情，拓展人际关系圈，就好像往银行里存款，存得越多，存的时间越久，你获取的红利就越多。与存钱不同的是，建立人际关系圈的存折就是把银行开在朋友或是顾客的心里，为了维系你们之间的关系，而存入真诚关怀、超值服务。

能够使你的人际关系圈的存折储蓄不断增长的，是礼貌、诚实、仁慈与信用。在你的人际关系圈的存折中存入较多的人情储蓄，这将会增加他人对你的信赖度，必要时能发挥适当的作用，甚至犯了错也可用这笔储蓄来弥补。有了信赖，即使拙于言辞，也不至于得罪人，因为对方不会误解你的用意。信赖可带来轻松、直接且有效的沟通；反之，粗鲁、轻蔑、威逼与失信等等，会降低感情账户余额，到最后甚至透支，人际关系资源就会出现严重的问题。

你越是想维持持久的人际关系，越需要不断地增加你的人情储蓄，因为彼此都有所期待，原有的信赖很容易枯竭。你是否有过这种经验，偶尔与老同学相遇，即使多年未见，仍可立刻重拾往日友谊，毫无生疏之感，那是由于过去累积的感情仍在。但经常接触的人就必须时时储存，否则突然间发生透支，会令人措手不及。

假如你想使自己的人际关系圈存折中的人情不断增值，须做到以下几点：

首先要信守承诺。守信是一大笔收入，背信则是庞大支出，代价通常会超出其他任何过失。

其次要诚恳正直。背后不言人短，是诚恳正直的最佳表现。在人后依然保持尊重之心，可以赢得他人的信任。

同时要理解他人，理解是一切感情的基础。要想被他人理解，就得先理解他人。

与人交往要注意小节。一些看似无关紧要的小节，如疏忽礼貌，不经意地食言，实际上最能消耗感情账户的存款。在人际关系资源中，最重要的正是这些小事。

与银行储蓄一样，仅仅在银行开个账户，存入现金是不行的，还需要维护、管理好你的人际关系圈的存折，让其既充分发挥作用，又要防止透支，确保人际关系圈的存折中的人情储蓄有增无减。

送对方一个人情，对方便欠了你一个人情，知恩图报，这是人之常情，这样一来你就往你的存折里存了一笔人际关系。或许有人认为，这样一来一往，仿佛商品买卖，我给了你钱，你就必须给我商品。其实这也不尽然，人情的偿还，不是商场的等价交易，钱物两清，双方两讫了，那样太没人情味。人情的偿还一般很难说是等价的，否则交情变成交易，你与朋友的脸上都挂不住。

要想得到人情银行中的可观红利，必须学会不夸张、不张扬。

曾有一年轻人帮朋友解决了购房贷款的难题，之后，他每次碰上这位朋友，聊着聊着就到了这个话题上，说上一两个小情节，以说明他的本事有多大，这让朋友很没面子，仿佛总欠他似的。久而久之，朋友怕他了，见了他就远远地躲开，仿佛杨白劳见了黄世仁，躲债般地怕与他来往。

人情送足了，却因人情的善后问题而功亏一篑，这叫"赔了夫人又折兵"。事实上你不说，他人也不会忘记你的帮助，多说反倒无益。人家可能尽快地还你一个人情，之后会敬而远之。即使你再有能耐，朋友也会另请高明。

因此，不要把送出的人情总挂在嘴上，那样会显得你小气。做足了人情，给够了面子，你该坐享其成，但千万不要夸大其词，最好不夸功，甚至可以不提起此事。你的淡忘，并不等于朋友不清楚。

常言道："天知，地知，你知，我知。"就是说，两人之间的事，你知道我知道天知道地知道也就够了，没必要再让第三个人知道。这样，你记着我的好处，我记着你的好处，将来怎么办，你我心里都有数。

那些张扬的人一般有以下特点：或是嘴巴不严，有口无心，下意识地就说出来了；或是爱炫耀，在别的朋友面前显示自己的本事。张扬除了让他人称赞一句"这个人很能干"，只能给你带来一些不利：首先得罪了请你办事的朋友，他会觉得你是在众人面前贬低他；其次，你会让听的朋友讨厌，人家也会想，这朋友怎么这样，以后我可不求他，说不定将来也会说出去。

管好自己的嘴巴，事情已经过去了，该怎么做还是怎么做，总有一天，真正的朋友会好好回报。假如对方无意回报，即使你每天对他说一百遍，也无益处。

另外，不要轻易动用人情银行中的储蓄。存期越长，红利越多。不给对方机会，让他一直记挂在心上，久而久之，就像陈年的酒，越陈越醇，回味无穷。

支取人际关系圈的存折中的人情储蓄，要按需支取，切忌贪得无厌，让人家觉得你得理不饶人，胃口大得很。恶意透支人情，会使你的人际关系圈的存折出现亏损，导致账户被封，失去朋友。

《渔夫和金鱼的故事》中，那个老太婆就是这样一个贪婪的人。渔夫捕到一条神奇的小金鱼，并将它放了。小金鱼决定报答渔夫一家。于是，这老太婆先是要吃好、住好，接下来是要做贵妇、女王，再做主教，最后，她竟想统治天下，成为小金鱼的主人。小金鱼不再理她了，最后，老太婆的人际关系圈的存折出现了严重透支，她只得又回到了她的小破屋。

与人交往时，对方有难，你必须根据自己的能力大小，从而给予适当的帮助和支援，而对方也会考虑如何回报你的新人情，以增加你的存折利息。

无论你存多少钱，存多长时间，只要你有一天取出来，银行一定会将利息给你算得清清楚楚。但是，人际关系圈的存折就不同了，人情是一笔源源不断的财富，只要你维系好它，无论你怎么取，它都不会枯竭的。

演好你的人缘角色

在社会中，演好自己的人缘角色，你便可以拥有一个广袤无垠、伸缩自如的圈子。有了这个人际关系圈，你便可以活得轻松自在、潇洒自如，并从中汲取营养来塑造一个完美的人生。

在当今社会这个大舞台中，每一个人都扮演着不同的角色，又不停地变换着角色，各个角色之间时刻进行着各式各样的人际交往。

在社会中，每一个人都担任着很多角色。对于你的下属而言，你是一个领导者；而对你的上级来说，你又是一个被领导者。在企业里，你是一名员工；在家庭里你又可能是一个父亲或母亲、妻子或丈夫。在顾客面前，你是一个售货员；在另外一个场合下，你又可能是一位顾客。在戏剧中，你是一名演员；在某些时候你又是一名观众……

社会生活中角色是很多的，各种角色又在随时转换当中。假如一个人不能随时应变，改换扮演角色的位置，不但会闹出很多的笑话，也会给自己带来许多烦恼。

英国女王维多利亚与丈夫阿尔约特相亲相爱，感情和谐。维多利亚作为一国之王，每日忙于公务，而阿尔约特却不太关心政治，对社交缺乏兴趣，由此，有时夫妻之间也难免闹点别扭。

一天，女王维多利亚处理完工作，深夜回到卧室，见房门已经关闭，就敲起门来。

阿尔约特在卧室内问："谁？"

维多利亚回答："我是女王。"

门没有开，维多利亚再敲，阿尔约特又问："谁？"

维多利亚回答："维多利亚。"

门还是没有开。维多利亚徘徊半晌，再敲，阿尔约特仍问："谁？"

维多利亚回答："你的妻子。"这时，门开了，阿尔约特热情地用双手把她拉了进去。

维多利亚前两次敲门之所以没有敲开，是由于她的心态没有随环境的变化而加以适当的调整。她忽视了自己的角色在家中是妻子，而不是在宫廷对王公贵族说话的女王，以致造成措辞上的失误。维多利亚的第一次回答态度高傲，伤了丈夫的心；第二次缺乏热情，感情平淡，没有唤起丈夫的亲昵感，因而两次丈夫都不给开门。第三次回答，维多利亚的心态适应了具体地点和对象，体现了妻子应有的温柔姿态，因而不仅敲开了门，也敲开了丈夫的心扉。

在社会中，我们应学会在恰当的环境中，扮演好恰当的角色。不管你有多高的身价，在朋友面前千万别做自己生活的"女王"，否则后果就不只是"被拒之于门外"的尴尬了。

扮演好自己的社会角色，应当注意以下几点。

1.清醒地意识到自己所处的地位。在社会中，每个人都是一定角色的扮演者。由此，你应该对自己有清醒的认识，履行自己扮演角色的职责。如果你是一个售货员，你就要尽一个售货员的职责，对顾客要满腔热情，百问不烦；如果你是一个医生，你就要履行救死扶伤的职责，体谅患者的痛苦，在精神上给患者以安慰，尽快解除患者病痛。假如做那些同自己地位、身份不相符的事，只会贻笑大方，影响自己在众人面前的形象。

2.随时注意转换自己的角色。每一个人都是多种角色的扮演者。在不同时间、地点、条件下，你要依据自己所扮演的角色的变化而变换自己的做法。常会有一些事，在这种场合下去做是无可厚非的，换一个场合就显得不协调。

汉宣帝时，京兆尹张敞在家中常给妻子画眉，有人在皇上面前告了他。皇上问他是不是有这回事，张敞很坦然地回答说，夫妻之间，闺房之内，还有许多比画眉毛更过分的事，不是吗？

张敞的回答，噎得宣帝再没说第二句话。确实如此，丈夫在房里帮妻子画画眉毛，本是生活琐事，亦在情理之中！但是，如果换一个地方，变换一个角色，给妻子之外的女人去画眉就不对劲了。

3.要进入角色。在社会中，最重要的就是你准确地进入角色，把自己担当的角色尽心演好。假如你的角色是一个顾客，就应遵守顾客须知的条款；你的角色是一位老师，就要尽做老师的责任；你的角色是一名学生，就应尽学生的义务；你的角色是一位父亲，就应该尽到父亲的责任……依此类推，各种具体角色都有具体要求，都有它的道德标准，我们都应自觉地做到。

每个人都应演好自己所扮演的社会角色，只有这样才能够与周围的人们和谐相处，编织出属于自己的人际关系网络。

第五章

扩大自己的圈子，巧妙与人交往

你满足于你现状吗？你想在几年后成为一个什么样的人？坐在什么样的位置上？如果你觉得目前的生活过得很好，你只需经营好目前的圈子；如果想超越现在的自己，就从现在开始扩大自己的圈子，积累好你的"关系存折"，扩大你的交际范围。几年后，你会惊讶地发现，在你身边到处都有可以帮助你的专业人士，一个电话、一个短信，就可以帮助你解决在别人看起来非常棘手的问题。所以，从现在开始，扩大你的交际圈子，从而实现你的梦想。

会说话是一门大学问

要想扩大自己的圈子，必须学会说话，要学会与陌生人打交道。圈子的扩展，要靠自己去开拓的，你能否把一个纳入你的圈子，如何利用圈子替自己办事，都是要靠说的，可以说，说话的水平高下影响到你经营圈子的好坏。在你处于不利局面的时候更是成也说话，败也说话。

在春秋战国时代，出现了能说会道的诸子百家，其中苏秦张仪之流就是著名的游说家。苏秦动用三寸不烂之舌游说了燕赵韩魏齐楚六国，使六国订立了合纵的盟约，于是就有了"六国合一"之说；张仪帮助秦国游说了六国，拆散了六国合纵的关系，帮助秦国吞并了六国。又有《三国演义》中的诸葛亮舌战群儒，威名天下，真乃"三寸不烂之舌，强于百万之师"也。当时他们所面临的情况十分艰难——对手个个不好对付，硬是靠会说话的本事得到了一般人眼中不可能得到的结果。在国外，说话的重要性也早已被人们所广泛认识。在古希腊、古罗马时代，演说雄辩之风就非常盛行。美国人将"舌头"、原子弹和金钱并称为生存和竞争的三大战略武器，可见说话非同小可。既然说话于治国安邦都尚且如此重要，那对人际交往的重要性就更不容小觑了。

说话对人的重要性主要体现在以下几个方面：首先，语言作为信息的第一载体，其力量是无穷的。在社交场合，语言是最简便、快捷、廉价的传递信息手段。一个说话得体、有礼貌的人总是受欢迎的人；相反，一个说话张狂无礼者总是受人鄙视的。

其次，说话随着现代信息社会的发展，要求也越来越高。快速发展的社会尤其讲究速度和效率，于是要求人们彼此的说话应充分节约时间，简明扼要，能一分钟讲完的话，就不应在两分钟内完成。同时高效率的要求也迫使说话者应能说普通话，并且要说得有条理，这也是社交活动所必需的。

第三，信息社会的要求，说话者还应学会"人机对话"，以适应高科技带来的各行各业的高自动化的要求。在日本和美国，已有口语自动识别机，用来预订火车票等。文字的机器翻译若干年后将发展成为口语的机器翻译，语言打字机的使用，将使人类的双手获得第二次解放。这些人工智能的发展，迫切要求人们不仅能说标准的普通话，更要求人们应讲究如何说话。说白话，不说半文不白的话；说明白的话，不说似通非通的话；说准确的话，不说含糊不清的话。不重视说话的"井底之蛙"已难以适应时代的需要，这迫使人们突出重围，走出家园，去广交朋友，去认真说话，通过说话去创造效益、架设桥梁、增进友谊，以创造更加理想的明天。讲究说话可谓是人人所需，也是人人必需，谁把说话当小事，谁就必将在交际中处处碰壁。

改变说话方法才能得到想要的结果

每个人都有自己的思维方式和说话习惯，时间长了，其中必然掺和不少可能导致不佳结果的说话方式和内容，但语言惰性形成以后很难改变，而一旦做出改变，换一种不同以往的说话方式，可能会给你一个惊喜。

一个周末，许多青年男女伫立街头，他们中间有不少人是等待与情侣相会的。这时有两个擦鞋童，正高声叫喊着以招徕顾客。

其中一个说："请坐，我为您擦擦皮鞋吧，既光又亮。"

另一个却说："约会前，请先擦一下皮鞋吧？"

结果，前一个擦鞋童摊前的顾客寥寥无几，而后一个擦鞋童的喊声却收到了意想不到的效果，一个个青年男女都纷纷让他擦鞋。这究竟是什么原因呢？

第一个擦鞋童的话，尽管礼貌、热情，并且附带着质量上的保证，但这与此刻青年男女们的心理差距甚远，因为，在黄昏时刻破费钱财去"买"个"又光又亮"，显然没有多少必要，人们从这儿听出的印象是"为擦鞋而擦鞋"的意思。

而第二个擦鞋童的话就与此刻男女青年们的心理非常吻合。"月上柳梢头，人约黄昏后"，在这充满温情的时刻，谁不愿意以干干净净、大大方方的形象出现在自己心爱的人面前？一句"约会前，请先擦一下皮鞋"真是说到了青年男女的心坎上，可见，这位聪明的擦鞋童，正是传送着"为约会而擦鞋"的温情爱意。

一句"为约会而擦鞋"一下子抓住了顾客的心，因而大获成功。从以上分析中，我们也该从中受到启发：研究心理，察言观色，得到准确的无形信息才能找到最恰当的说话切入点。

比如，在知识高深、经验丰富的对手面前，不能自作聪明、虚张声势，尤其不能不懂装懂、显露浅薄；否则，就可能弄巧成拙。再如，在刚愎自用、好大喜功的对手面前，不宜过多解释，而可以采用激将之法。又如，在沉默寡言、疑神疑鬼的对手面前，越殷勤，越妥协，往往越会引起更多的疑问和戒备。因此，关键在于想方设法启发对方讲话，以便摸清虚实，对症下药，态度也不妨强硬一点，用自己的自信来感染、同化对方，打消疑虑。

有一家皮革材料公司，专为皮革制造厂家提供皮革材料。一次，一位客户登门，几句寒暄过后，公司负责人发现这位客户实力雄厚，需要量很大，在交谈中又发现这位客户比较自负、性急。于是皮革材料公司通过客户观看样品的机会，适当而得体地夸奖他的经验与眼力，在最后的价格谈判中，先开出每米 20 元，但接着加了一句："您是行家，我们开的价是生意的常规，有虚头骗不了您。最后的定价您说了算，我们绝无二话。"果然，客户在这种信任的赞誉声中，痛痛快快定了每米 15 元的价格（公司的进价是每米 12 元）。

显然，这样的战术成功了，而成功的关键还在于准确地把握住了对方的性格及心理，使用了正确的说话方法。

多说让人感到温暖的话

平常我们会说很多废话，这更容易使我们产生错觉：说话嘛，有什么重要的，小事一桩。事实上，这是因为你没有尝试多说一些温暖他人的话，一旦这种关心被他人真切地感受到，情况会大不一样。

就是由于对别人的事情同样强烈地感兴趣，使得查尔斯·伊斯特博士变成有史以来最成功的一位大学校长。他当哈佛大学的校长，从南北战争结束一直到第一次世界大战的前五年。下面是伊斯特博士做事方式的一个例子。有一天，一名大学一年级的学生克兰顿到校长室去借50美元的学生贷款，这笔贷款获准了。下面是这位学生后来在一篇文章中的叙述——"伊斯特校长说，'请再坐会儿。'然后他令我惊奇地说：'听说你在自己的房间里亲手做饭吃。我并不认为这坏到哪里去，如果你所吃的食物是适当的，而且分量足够的话。我在念大学的时候，也这样做过。你做过牛肉狮子头没有？如果牛肉煮得够烂的话，就是一道很好的菜，因为一点也不会浪费。当年我就是这么煮的。'接着，他告诉我如何选择牛肉，如何用文火去煮，然后如何切碎，用锅子压成一团，冷后再吃。"

还有一件同样的事，一个似乎一点都不重要的人，却帮了新泽西强森公司的业务代表爱德华·西凯的忙，使得他重新获得了一位代理商。"许多年前"，他回忆说，"在马萨诸塞地区，我为强森公司拜访了一位客户。这个经销商在音姆的杂货店。每次到店里去，我总是先和卖冷饮的店员谈几分钟的话，然后再跟店主谈订单的事。有一天，我正要跟一位店主谈，但他要我别烦他，他不想再买强森的产品了。因为他觉得强森公司都把活动集中在食品和折扣商品上，而对他们这种小杂货店造成了伤害。我夹着尾巴跑了，然后到城里逛了几小时。后来，我决定再回去，至少要跟他解释一下我们的立场。

"在我回去时，我跟平常一样跟卖冷饮的店员都打了招呼。当我走向店主时，他向我笑了笑并欢迎我回去。之后，他又给了我比平常多两倍的订单，我很惊讶地望着他，问他我刚走的几小时中发生了什么事。他指着在冷饮机旁边的那个年轻人说，我走了之后，这个年轻人说：'很少有推销员像这样，到店里来还会费事地跟他和其他人打招呼。'他跟店主说，假如有人值得与他做生意的话，那就是我了。他觉得也对，于是就继续做我的主顾。我永远都不会忘记，真心地对别人产生点兴趣，会是推销员最重要的品格——对任何人都是一样，至少以这件事来说是如此。"

一个人要是对别人真诚地感兴趣的话，哪怕你一句极平常的话也可以从即使是极忙碌的人那儿，得到注意和合作。

让自己更加能说会道

有些人在圈子里是沉默者，他们出言谨慎，生怕说错话，有些人是圈子里的活跃者，是圈子里活动的倡导者。对于沉默者，他们只是圈子里的被动响应者，这样的人很难成为圈子中的重要人物，要想改变被动响应者的角色，要学会说话，必须承认会说话有先天的因素，更多的是靠后天的训练、知识的积累。既然我们知道说话对一个人如此重要，为什么不下点功夫，让自己变得"能言善辩"起来呢？

要想能说会道、能言善辩，首先得想办法提高自己的语商。所谓语商，也就是指一个人的语言表达能力。一个人说话颠三倒四或词不达意是"语商"低下的表现，但还不至于造成大的危害，其另一种表现是总是在不恰当的场合说出不恰当的话，就会对其个人以及他所做的事造成很坏的后果。

有一位专家型的部门经理，从他的业务能力来看可以干更大的事，但当他在评价和安排员工的工作时，却经常让人不知所云。他要么说一些无关紧要的事情，要么喋喋不休，因此失去了晋升机会。还有一类人是对自己所干的事和所说的话不敢承担责任，因而失去了上司和员工的信任。

还有一家制造公司的部门经理，当他把事情弄糟以后，老板批评道："这到底怎么回事？你把事情全弄糟了。"这位中层经理听了老板的批评后非常生气，立即辩解道："一定是手下的员工误解了我的意图和要求，他们应该对这一后果承担主要责任。如果您对这一结果不大满意，也不应追究到我的头上。"这一回答显然让他的上司难以容忍。他的老板说道："你承受不了责备，也不能保持冷静。不管是谁的错，你都应该去努力解决问题，但你的回答中丝毫看不出这一点。"因此这位经理后来被免除了职务。

显然这些人都是因为自己语商较低，在试图证明自己具有很强的思考、评价和解释能力时，自断前程。他们给自己的上司、下属、合作伙伴和同事都留下了不好的印象。

在谈话中显示自己成功的自信，这并不是什么不好的行为，而且你也必须如此。但良好的言辞智商同自吹自擂有很大区别，关键在于你是否能以恰当的方式和技巧来表现。

当你表露自己的成功时，你所希望表达的信息不过是让他人知道你有多棒。但是你一定要注意：在传递这种信息时，必须坦率简洁。例如，如果你成功地为公司举办的一次新闻发布会写了一份报告，得到与会者的好评，你的喜悦与成功感也会溢于言表。这时，你大可不必说："瞧，我做了一件多么了不起的事情。"相反，当上司称赞你时，你倒应显得更加沉稳："这是公司分配给我的工作，也是我应该完成的。"

一个人的"语商"与他的情商有很大的关系，情商高的人大半能说会道，或者至少能把话说到点上，说的话能让人感觉舒服。所以"语商"的提高不是片面地学怎样说话，而是要从有意识地提高情商入手。

另外必须清楚，我们说某某人会说话，某某人口才好，更多的是指一个人说话有说服力，能够抓住问题的关键恰当地表达出来；相反，有些人说话滔滔不绝，但是言之无物或强词夺理，那只能用胡说八道而不是以能言善辩来形容。

能言善辩的人让人敬服，强词夺理的人只会遭人鄙视。日常生活中我们一定要谨记：能说不是多说更不是强说。如果说说话能改变结果，那么能言善辩和强词夺理正是会导致两种相反的结果。

积极主动是一种勇敢

在现实生活中，很多人虽然有自己的圈子，但他们却在圈子里缺少朋友，他们是圈子中被动的响应者，从不敢主动与人交往，更别说拓展圈子了，这样，使他们虽然生活在一个交际范围极广的圈子里，却仍然无法摆脱心灵上的孤寂。这些人，只能做交往的被动响应者，不会做交往的主动者。

要知道，他人是不会无缘无故对我们感兴趣的。因此，如果想赢得别人的信任，与别人建立良好的人际关系，摆脱孤独的折磨，就必须去主动交往，好的人际交往属于那些经常采取主动的人，这正是一种做人的互动原理。

按照古人所说，即"投之以木瓜，报之以琼琚"。琼琚是一种美玉。这句话的意思说明了回报往往比受赠大得多。在人际交往中，有许多偶然的事情将决定你未来的命运，但世上没有无源之水，无本之木。你必须懂得积极主动，也就是懂得主动去寻找关系，将爱心和诚心放在首要的位置，你才能赢得对方的尊重和好感，也许，有一天，你就会收到这种意外之喜。

在一个多雨的午后，一位老妇人走进费城一家百货公司，大多数的柜台人员都不理睬她。就在这时，有一位年轻人走过来问她是否能为她做些什么。当她回答说只是在避雨的时候，这位年轻人没有向她推销任何东西，虽然如此，这位人员并没有离去，转身拿给她一把椅子。

雨停之后，这位老妇人向这位年轻人说了声谢谢，并向他要了一张名片。几个月过后，这家店长收到了一封信，信中要求派这位年轻人前往苏格兰收取装潢一整座城堡的订单！

这封信就是这位老妇人写的，而她正是美国钢铁大王卡内基的母亲。当这位年轻人收拾行李准备去苏格兰时，他已升格为这家百货公司的合伙人了。

洪福不是随便出现下来的，这要看你是否能积极主动地发现良机。这位年轻人能获得极好的发展机会，主要原因就在于他比别人更积极、更主动，比他人更懂得尊重与人与人之间的关系。虽然他的行为看似普通，但是足够打动老妇人的心，对他有了极大的好感，从而才有了他后来的好运连连。

著名社会心理学家霍曼斯提出，人际交往本质上是一个社会交换的过程。换句话说，我们在交往中总是在交换着某些东西，或是物质，或是情感，或是其他。人们都希望交换对于自己来说是物有所值的，希望在交换过程中得大于失或至少等于失。不值得的交换是没有理由的，不值得的人际交往更没有理由去维持，不然我们就无法保持自己的心理平衡。因此，人们的一切交往行动及一切人际关系的建立与维持，都是依据一定的价值尺度来衡量的。

由此，在这个观念的引导之下，社会生活就产生了一个新的原则，那便是——每当进入一个新的环境，每当有机会接触新的领域的时候，最重要的事情就是结交这个新环境的人，建立人际关系，并且必须积极主动，由于大多数人都是被动的，他们不会去走上前去和你主动结交，除非你主动，要么永远不会有人主动找你，这是人之常情。倘如你拥有超越常人的主动性，你就会赢得很多朋友，也就有了一切。

记住，在人际交往中，人际关系最为重要。只有当你有了超越常人的地方，当你出名的时候，他人才会主动找你；否则，在此之前，你必须主动地去走进他人的世界，去建造自己的人际关系网。

其次，你吸引他人靠的是自己的长处、优势，因此，必须让自己的优势展在他人面前，只有这样才会吸引他人。

最后，最重要的也是核心，那就是超人的主动，主动地去结交职场中的每一个人，进入一个新环境的关键任务就是结交朋友，建立人际关系，长期地坚持练习，使之成为一种习惯，这样你便可以在任何地方有了立足之地。要知道，积极、主动是另一种勇敢。

做一个最受欢迎的人

在一定的圈子中，谈吐中的人格魅力，是指在语言的交流中显示出的一个人的性格、气质、能力等个性化的表现。

人格魅力在语言中的表现形式是多种多样的，或达观开朗，或微言大义，或宽容忍让，或仪态万方，或义正词严，或一言九鼎等。良好的谈吐能够充分展示出你的人格魅力，同时能让听者折服。

1. 良好的谈吐能够展示出豁达开朗的个性。曾经有一位老者在乘船的时候，听到一些旅游者讲起在鱼肚子里发现珍珠宝物的故事，于是，就走过去对他们说："我给你们讲一个真实的故事吧！在我年轻的时候，曾经和一位漂亮的女演员谈过恋爱，之后，我到国外的分公司去任职，一去就是两年的时间。在这段时间，我和她的联络越来越少。在回国之前，我专门买了一枚钻石戒指，准备给女朋友一个惊喜。然而，我却在半路上得知，她已经在一个月前和一个男影星结了婚。我一气之下就把戒指扔进了大海。几天以后，我回到了国内，到一家餐馆去喝闷酒。我点了一道鱼，等鱼端上来之后，我心烦意乱地把鱼肉塞进嘴里。刚嚼了两下，忽然牙就被一个东西硌了一下。大家猜一猜，我吃到了什么？""戒指。"大家一齐说道。"不！"老者诡秘地一笑，"是一块鱼骨头。""哈……"人群中突然爆发出爽朗的笑声。现场气氛也随之活跃了起来，众人为有这样一位虽然陌生但却豁达开朗的老人加入谈话的队伍而感到十分高兴。

豁达开朗的个性，是一种积极乐观的人生态度，在你与他人谈话的过程中，能够传达给听者健康向上的精神力量，人们从中不仅能够获得快乐，还能减轻对某些方面的痛苦和压力，而发言者在赢得别人好感的同时也赢得了友谊，这正是谈话的人格魅力之所在。

2.微言大义展锋芒。某县的税务局，接连几年都未能完成税收的任务，仅上半年全县就欠税350多万元。7月，宋局长到该县上任。上任后，宋局长立即展开了深入细致的调查摸底工作，接着，又召集17个纳税大户举行了座谈会。在座谈会上，宋局长开宗明义地说道："我是个转业干部，天生的直脾气，我到这里任国税局长，一不图官，二不图钱，就图个痛痛快快地干工作，我初来乍到，能不能踢好头三脚，还要看各位买不买账。总之一句话，政策以外的钱我一分不收，该纳的税一个子儿也不能少，并且一天也不能耽误，谁感觉为难，自己看着办，下周的这个时间我来要结果。"会后，在 17 家纳税大户的带动下，上半年欠的所有税款在一周内全部上缴完毕。

在谈话的过程中，有的时候就需要苦口婆心地讲道理，而有的时候则不需长篇大论，只要在紧要处点到为止即可，正所谓言简意赅、微言大义。宋局长简短的几句话，不仅展现了军人果断的性格和干练的作风，并且字字句句都露出了锋芒。在这样的气势下，有谁愿与"初来乍到"的新局长过不去呢？因此，宋局长上任开始就来了个"开门红"也是顺理成章的事。

3. 义正词严展自尊。有一天，某车间的主任将几位年龄稍大一些的女工叫到办公室，说道："根据厂长办公会议精神，咱们车间需要减几个人，我考虑你们几位年纪大些，打算让你们先退下来。"听到这话，几位女工一时间愣住了，这不就是叫我们几个下岗吗？

江女士站出来说："当初订的用工合同里不是这样表述的吧！我们的年纪相对大些是事实，但我们工作效率高、工艺好也是事实，你凭什么叫我们退下来？"主任听她的话说得很有道理，只好又扯出一条理由来："你们几位不是有病吗？这也是为你们着想啊。"

江女士理直气壮地说："我们有病并没有要求领导照顾，也没有耽误正常的工作，更没有躺在车间白拿钱，我们哪点儿理亏啦？现在不都搞竞争吗？咱们可以搞竞争上岗，但就这么退下来我不同意！"就在这个时候，其他几位女工也纷纷附和，车间主任也只好收回了决定。

在谈话中的人格魅力不仅展现在达观开朗或宽容忍让的一面，有时需要坚持一定的原则、据理力争更能展现一个人的人格魅力。江女士的辩驳有理有据，义正词严，既维护了自身的利益，同时也展示了自己的尊严。

4.良好的谈吐能够展示出宽容忍让的胸襟。新战士小王在一次班务会发言的时候，无意中谈到了老兵小陈的某些问题，于是，小陈误认为小王是有意在班长面前让他出丑，便连珠炮似的数落了小王一番。事情过后，有人对小王说："你怎么不顶他？"小王说："事情终究会有水落石出的一天。即使小陈不明白，你们大家心里不也都十分明白吗？"

从那之后，小陈经常跟他人说小王这个人专门巴结班长、爱表现自己等。对此，小王也是一笑了之。他说："我帮班长干活是应该的，别人不帮班长干活也是有一定原因的，或许是累了，或许是有其他的事要做。班长有事我帮忙，别人有事我也没有看热闹啊，时间长了他会了解我的。"果然，经过一段时间的朝夕相处，小陈对小王的人品有了全新的认识，便主动向小王道了歉。

在人际交往中，宽容是生活中永不坠落的太阳，是获得友谊的灵丹妙药。在与对方的谈话过程中，因种种原因，难免会遇到他人的误解甚至攻击，这个时候，假如能够保持宽容的心态，先从自身找毛病，再从长远考虑问题，等到云开雾散、真相大白的那一天，他人也会为你宽容忍让的风度投以钦佩的目光。

5.仪态万方展性情。有两位大学生前往某公司应聘部门经理。甲着装整洁，谈吐有致；而乙则衣冠不整，与主考官交谈的时候总是显出一种不屑一顾的神态，令主考官很是不满，应聘结果可想而知。

在人际交往中，谈话作为一种交流的手段，要想达到预期的目的，必须建立在对谈话对象充分尊重的基础上，一般应该做到：着装整洁，整洁的着装如同一道亮丽的风景，令人赏心悦目；举止端庄，包括谈话者合适的姿态和在谈话中适度的手势；语气亲和，谈话的语气不同于演讲，更不同于舞台对白，它是一种纯生活化的语言交流，过分懒散或过于亢奋都显得对人不恭；眼神集中，在谈话的过程中，表现一个人对谈话对象以示重视的神态，假如眼神游离，左顾右盼、魂不守舍，肯定不会博得对方的好感。

6. 一言九鼎展品质。某厂的职工小李，经常向同事们炫耀，说自己在市房管所有熟人，能办房产证，并且花钱少、办事快。刚开始，同事们都信以为真，有些急于办理房产证的同事，就交钱拜托小李办房产证。但是过了很长时间也没有回音。在同事们的追问之下，小李才说："近来人家事太多，再等等。"拖得时间长了，同事们对他办事的能力产生了怀疑，便向他要钱。他找理由说："谋事在人，成事在天，懂不懂？你们的事虽然没有办成，可我该跑的跑了，该请的请了，你们不能让我再为你们掏腰包吧？"言下之意，就是钱已经没了。从此之后，再也没有人相信小李的话了，以至于人们在闲暇聊天的时候，只要小李往人群里一站，大家好像有一种默契似的，开始缄默不语，之后纷纷散去。

在交谈过程中，人们一般崇尚"一言九鼎"、"落地砸坑"的直爽性格，而不喜欢转弯抹角的弯弯绕，更讨厌貌似有口无心、直言快语，实则机关算尽、言而无信之人。在交谈中的每一个观点都是对一个人品质的检阅，每一项承诺都是对其人格的担保，言而有信才能取悦于他人。由此可见，说话算数，是人际交往中展现人格魅力不可或缺的要素之一。

要想在谈吐中充分地展现你的人格魅力，并不是要求你在人前故做姿态，把自己的毛病加以掩饰，或是压抑自己、改变自己的性格，而是要你正视自己的不足，克服性格中的消极因素，发扬性格中的积极因素，这样才能用你的人格魅力架起与他人沟通的桥梁。

重视交际的礼节与措辞

在圈子中与人打交道，必须重视礼节和措辞，重视礼节和措辞，不一定能保证你成为圈子中受欢迎的人，但至少可以保证你不会让人感到厌恶。当你在一定的场合与他人说话的时候，要让对方感受到自己的热情、实在和值得信任。

说话的时候动作一定要适度、端庄，在必要的时候可做一些手势。如果你是坐着说话，手不要搭在邻座的椅背上，腿不要乱晃、乱跷，随意地颤抖，更不要一边说话一边修指甲、挖耳搔痒、剔牙等，这些都是在礼节场合需要注意的。

美国人一般性格比较外向、感情丰富。他们欣赏英俊的外貌，沉着潇洒、彬彬有礼的绅士风度，赞赏幽默机智的谈吐。

当年，老布什败在克林顿的手下，正是由于在电视辩论中风度与谈吐都比不上克林顿。克林顿之所以能当上总统，与他潇洒的风度和良好的口才有很大的关系。从外部的形象来看，年仅 46 岁、高大英俊的克林顿当然比年纪老迈的老布什占有很大的优势，但老布什是一个很难对付的对手，他是一个老牌政客，在从政经验丰富与外交成就显赫这两个方面，克林顿无法同他相比。因此，克林顿在三次电视辩论中决定采用以柔克刚的做法，不咄咄逼人，不进行人身攻击，而要在广大听众的面前展示出一个沉着稳重、从容大度的形象。1992年10月15日，在第二次电视辩论中，辩论现场只设了一位主持人，候选人的前面都没有讲桌，只有一张高椅子可坐，克林顿为了表示他对广大电视观众的尊敬，一直没有坐，并且在辩论中减少了对老布什的攻击，把重点放在讲述自己任阿肯色州州长12年间所取得的政绩上。克林顿的这种以柔克刚、彬彬有礼的做法，当场赢得了广大电视观众的好感。

在最后的一次电视辩论中，克林顿英俊、潇洒的姿态，敏捷的论辩与幽默机智的谈吐使他大出风头。他在对老布什的责难进行了有效的反驳之后，又很得体地对广大电视观众说："我既尊敬老布什先生在白宫期间的为国操劳，又希望选民能鼓起勇气，勇于更新，接受更佳的人选。"话音刚落，掌声雷动。

克林顿要想圆他的总统梦，必须把老布什拉下马，克林顿深知电视辩论的重要性。假如能在电视辩论中表现得十分出色，再加上舆论界广为宣传，就将为入主白宫铺平道路；假如在电视辩论中惨遭失败，那么，他的总统梦就将化为泡影。

为了能在电视辩论中获胜，克林顿的竞选班子绞尽了脑汁，制定出了有礼有节、以柔克刚的有效的辩论方法。

电视辩论不但可以显示出总统候选人的竞选主张，更重要的是还能展示出候选人的素质和能力，如风度、形象、表达能力、思维能力、应变能力等等。克林顿能抓住电视这个受众面最广的传媒，在辩论中，言辞有度，富于礼节，举手投足，尽显风采。由此，赢得了广大选民的高度信任和支持，从而，如愿以偿地成就了入主白宫的理想之梦。

举手投足尽显风采

举止风度是一个人在运动状态下的亮相。它包括坐立行走、举手投足、喜怒哀乐所表现的各种行为姿态，被人们称之为心灵的轨迹。

歌德说，行为举止是一面镜子，人人在其中显示自己的形象。任何人如果在举止上缺少文雅和稳重，都将以流于浅薄、缺少修养而失去人们的喜爱。如果你想拥有良好的人际关系，就一定要使自己的举止行为规范化，要优雅大方、稳健从容、表里如一、不卑不亢。

坐立行走要文雅大方。无论在什么场合，你都应自觉地保持一种良好的坐姿，以显示自己应有的文明素养。工作时，要精力充沛，给人一种振奋昂扬的印象；切忌东倒西歪，萎靡不振。此外，你还要养成正确的站立姿势，举行公关活动时一般都要站着讲话，这既体现了文明礼貌的素养，而且也符合国际惯例。由于站立的时候，显露的部位比较大，因此，更要注意站立的姿势。在大会上，要大大方方地起立致意，不要弯着腰、扭着身、束手束脚，要做到从头到脚成一线。行走时步伐要从容稳健，不要摇头晃脑、东张西望、勾肩搭背。

举手投足要自信亲切。在社交场合，你的一举一动，都要自然而庄重，既不摆架子、指手画脚、盛气凌人，又不唯唯诺诺、畏首畏尾、诚惶诚恐；而应当不卑不亢、优雅潇洒、落落大方、自信威严。否则，就会给他人留下一种很坏的印象。

公元前 703 年，曹太子去朝见鲁国国君，被待以上卿之礼。在欢迎宴会上，曹太子忧郁叹息，引起鲁国大夫施父的不满。曹太子的失态不仅有损于个人形象，更重要的是他在两国外交中埋下了阴影。历史上，这种在外交公关时因举止失仪而招致害国之事并非鲜见。在外交方面，个人的言行举止往往被看作是国家对某事、某国的一种态度和政策，因而绝不能因个人或喜或忧的心境而轻率从事。

在人际交往中还必须对自己的事业和能力有充分的信心，而举手投足间正可以体现人们的这种自信。

喜怒哀乐要深沉有度。每个人都是社会中的一员，也必有喜怒哀乐，但是在公共场合中，个人的喜怒哀乐不仅代表自己的情绪，还将影响公众的情绪，因此，要有理智地加以控制。

人们在公共场合中必须有自己独特的喜怒哀乐方式。深沉的喜爱，除了友好的动作外，更体现在爱护、关切、由衷赞赏与喜悦的神情和目光上，要控制过分激烈、狂热的行为；深沉的愤怒，不在于说话声调的高低与强弱，而在于内心表现得威严和怒斥的神情，无声的谴责要比声嘶力竭的抗议更有力；深沉的悲痛，不是泪流满面的号啕大哭，而是用理智把握感情，化悲痛为力量；深沉的快乐，无须狂呼乱跳，而应当充满激情，将之化为持久的动力，以便更好地开展工作。

在社交场合，人们不仅要注意自己的举止风度，而且更应该从理想、情操、思想学识和素质上努力完善自己、培养自己，使外在举止风度美的绚丽之花开在内在精神美的沃土之上。

"桃李不言，下自成蹊。"举手投足间尽显迷人风采的人们必然会以其优美的举止言谈、高尚的品德情操，赢得更多人们的喜爱，从而拥有更为丰富的人际关系资源。

第六章

建立自己的威信，驾驭圈子

圈子建立后，就要考虑如何驾驭了，作为一个圈子中的领导者，你要面对和驾驭很多不同性格的人，如何驾驭这些人，将对你的圈子产生重要的影响，驾驭不好，干什么事情，忙里忙外全是你，下属倒成了你的领导了。如何与这些下属沟通，如何放权，利用一批人去管另一批人，如何建立自己的威信，与下属保持什么样的距离才是最好的，做领导者如何控制自己的情绪，如此等等，这将是本章要介绍的。

做个既有威严又有人情味的上司

作为一个圈子的领导者，要做到令出必行、指挥若定，必须保持一定的威严。

道理很简单，在领导与指挥业务上，没有令对方与下属感到畏惧的威慑力，是不容易尽责称职的。单是有一张和蔼的脸、一番美丽动听的言辞所起的推动作用，是非常有限的。

商场如战场，《孙子兵法》中有个关于"三令五申"的典故，确可以拿来借鉴。

当年吴王委派孙子训练宫中嫔妃成为娘子军。起初，宫妃们觉得好玩，视同儿戏，成日嘻嘻哈哈。孙子一再劝说，并告诫如不听命，即要严惩。其中吴王最宠爱的两个妃子根本不把这不当一回事。结果三日过去，孙子行使无情军法，斩掉了那两个妃子，宫妃们肃然起敬，立即军容整顿一新，井井有条。

当然，威严也不等于恶言相向，破口大骂，整日板着面孔训人。只是在工作时对待属下必须令出法随，说一不二。发现了属下的差错，绝不姑息，立即指出，限时纠正，不允许讨价还价，要让属下滋生敬畏之心，才会使你威风凛凛，在千军万马冲锋陷阵的商界中指挥自如。

威严始终是领导层人士的一种气质。

但是，只有威严也是不行的，还得富有人情味。下面是一个关于美国电话业巨擘、密歇根贝尔电话公司总经理福拉多的小故事。

在一个寒冷的深夜，纽约的一条不是很繁华的道路上已经几乎没有车辆行驶。这时从街中心的地下管道洞内钻出一位衣着笔挺的人来。路旁的一个行人十分狐疑，他上前想看个究竟，一看却怔住了，他认出这钻出来的人，竟是大名鼎鼎的福拉多！原来是因为地下管道内有两名接线工在紧急施工，福拉多特意去表示慰问。

福拉多被称作"十万人的好友"，他与他的同事、下属、顾客，乃至竞争对手都保持着良好的关系，这位富有人情味的企业巨子，事业如日中天。

作为企业的领导，要实现自己的意图，必须与属下取得沟通，而富人情味就是沟通的一道桥梁。它有助于上下双方找到共同点，并在心理上强化这种共同认识，从而消除隔膜，缩小距离。

有许多身居高位的人物，会记得只见过一两次面的下属的名字，在电梯上或门口遇见时，点头微笑之余，叫出下属的名字，会令下属受宠若惊。

富有人情味的上司必是善待下属的。上司要赢得下属的心悦诚服，一定要恩威并施。

所谓恩，则不外乎亲切的话语及优厚的待遇，尤其是话语。要记得下属的姓名，每天早上打招呼时，如果亲切地呼唤出下属的名字再加上个微笑，这名下属当天的工作效率一定会大大提高，他会感到，上司是记得我的，我得好好干！对待下属，还要关心他们的生活，聆听他们的忧虑，他们的起居饮食都要考虑周全。

所谓威，就是必须有命令与批评。一定要令行禁止，不能始终客客气气，为了维护自己平和谦虚的印象，而不好意思直斥其非，必须拿出做上司的威严来，让下属知道你的判断是正确的，必须不折不扣地执行。

上司的威严还在于对下属布置工作，交代任务。一方面要敢于放手让下属去做，不要自己包办代替，事必躬亲；一方面在交代任务时，要明确要求，什么时间完成，达到什么标准。布置了以后，还必须检查下属完成的情况。

恩威并施，才能驾驭好下属，发挥他们的才能。当下属的工作表现逐渐怠惰的时候，敏感的领导者必须寻找发生这个现象的原因，如果不是有关工作的因素所造成的，那么，很可能是员工个人的问题在打扰他的工作。有些主管对这种现象不是采取"这不是我的责任"而忽视它，就是义正辞产地告诫员工振作起来，否则就卷铺盖走路；也有些领导者一味地规范员工而不针对问题的核心。

不论如何，如果领导者希望员工关心与认同公司，那么，领导者首先要关心员工的问题。因此，上述处理的方式可以说轻而易举，但是无法改善员工的表现。比较合理的方法应该是与员工讨论，设法协助他面对问题，处理问题，进而提高工作绩效。

近年来，一些已上轨道而力争上游的美国公司纷纷成立"员工协助计划"，目的在提供员工心理保险，以解决员工的个人与家庭问题。

不论你的公司是否有这种管理制度，关心员工的心理健康已成为现代管理趋势中重要的一环。要做好这种心理辅导的工作，管理者首先要与员工面谈，面谈时要注意下列原则。

时间上选择一个星期中的前几天而不是接近周末的后几天，选择早上而不是下班之前。

在公司里让员工感觉有隐私的地方，譬如办公室附近宁静的咖啡厅，可供散步的花园或公司内的会议室，以使得面谈的过程不受干扰，让员工轻松自在地娓娓道来。

使用"我"而不是"你"的关心语言。譬如，"我对于你造成的意外事件感到焦虑不安"，而不是"你这样焦虑不安，以至于引起许多意外事件"；"我对你的不理睬命令感到生气"，而不是"你用不理睬命令的方式激怒我"；"我要与你谈谈"，而不是"你来找我谈谈"。

注意聆听而不作任何建议或判断，此外，要将谈话的内容保密，会谈后不与其他同事讨论细节。

知道自己无法解决员工问题的限制，而提供专家的协助。在与员工面谈后，如果发现员工有不良行为的倾向，则要设法转送给公司特约的心理辅导专家，或者提供心理治疗的机会，让员工自行选择。一般下列行为需要专家进行辅导。

容易生气、悲哀或恐惧；感到孤单、忧郁、情绪不稳；酗酒或吸食药物；亲朋好友的去世；高度的压迫感。

无法专心，容易失眠；有自杀的想法；有体重肥胖的烦恼缺乏自信，害羞，对工作、自己或这个世界感到悲观；人际关系不良；缺乏激励自己的欲望；家庭及经济的困扰。

最后，把有个人问题的员工转给心理专家之后，主管也应该负起追踪到底的责任。差不多在第一次面谈之后的两个星期之内，主管与员工必须再度沟通，鼓励员工说说自己的想法、感觉与意见，甚至建议解决问题的办法。

一般而言，现代的员工在配合工业技术升级的情况下，已面临了更大的压力。因此，负责身体健康的劳保、公保已无法完全保证员工身"心"的健康，作为主管者如果要使员工全身心投入工作，以提高生产力，那么，主动地认识与解决员工的个人问题，将是有效利用人力资源的策略，也是促使员工提高对公司向心力的秘诀。

寻找贴心人

在圈子中，我们不可能与每个人都相处得很好，在圈中多找几个贴心的好朋友，既使自己有个交流和倾诉的对象，也能进一步地扩充自己的势力，使自己在圈中游刃有余。

"相交满天下，知心能几人"，这是人们对朋友易交、知己难寻的慨叹。

其实这不是慨叹，这句话所说的，是一种真实存在，有值得在人性丛林里进出行走时思考之处。

以这句话来看，交朋友以"知心"为最高境界，其实这是做不到的。

家是人生活的堡垒，有不欲为人窥见的隐私，人的内心也有一个不欲为人知的隐私堡垒。在这个堡垒里，他是主人，有无上的权威，一旦这个堡垒被攻破，再也没有隐私，他便会发生失去隐蔽物、暴露在众人面前、缺乏安全感的慌乱；而为了重建这个堡垒，他会离开攻破他内心的堡垒的力量，甚至施以报复，消灭那个力量，以保持堡垒的不再被侵犯。

所以，"知心"是不可能的，不但你知不了别人的心，你也不愿别人知你太多的心。而若强欲知心，便会引起对方的抗拒，启动他的自卫系统。这对两个人的关系自然有负面的影响。如果你是个灵慧的、很容易知别人之心的人，那么你千万别自以为聪明，向对方表现你的知心术。

三国时代的杨修就因为太聪明了，很会揣摩曹操的心思，照道理，曹操曾说"知我者，杨修也"，可是他却把杨修杀了，原因就是在于杨修不时把他的聪明想法揭示出来，让曹操失去安全感。一个人如果心里面在想些什么你都知道，你想他会不会学曹操！

对上司、对同事、对朋友，甚至对兄弟、夫妻之间也都是如此！"知心"不是美行，而是灾祸的种子。

因此，与其"知心"，不如"贴心"！

知不知心是另外一回事，表现出来的要是"贴心"。所谓"贴心"，简单地说就是"体贴的心"，一种主动关怀对方的心和被动倾听对方心声的心！这是在感情上和他交流，这么做，对方会感受到一种温暖而不是压迫。如果你对他的心思也有所了解，那么不可表现得太多，也不可表现得太深，而且应针对无关紧要的事来表现，其他的事，装作"鲁钝"好了。也许他会对你的鲁钝不以为然，但对你却是绝对放心；不过，在态度上仍要表现出和他的"贴心"，否则你和他的关系也会产生变化。在企业里，常常听见有的管理者抱怨："哎呀！也不知是怎么搞的，我的下属们整天怨气冲天，好像总也不满足，一会儿嫌钞票挣少了，一会儿又抱怨工作没意思，反正这也不是，那也不行，似乎外面的世界哪儿都比这儿的好。"也常常听见下属们在一起窃窃私语："哎呀！我们的上司也不知整天在忙乎什么，怎么这么安排工作，也不替我们想想。"于是乎上司叹息：现在这世道，人真是越来越难管了，我整天都快累死了，他们却在一旁无动于衷，好像什么事都是我一人的。这种现象的存在恐怕不在少数，究其原因，上司应负主要责任。

要知道，管一群人，可不像摆弄一堆物件那么简单，主要的一点：人是有感情的动物，不是一发指令他就会丝毫不差地执行，管人这门学问实在是很深奥，要不怎么说管理是一门艺术！固然管理作为一门科学，有其共性的规律性的东西，但其中非规律性的，可以供你发挥的地方太多了。

一个成功的管理人员就在于能够审时度势，利用现有的条件，达到预期的目标。这中间极其重要的一点就是能将自己的意图通过各种方式，让下属接受，变成下属的行动指南，带领下属一齐干。前面抱怨下属的管理人员就是没有很好地与下属沟通，彼此之间互不了解，各想各的事，各干各的活，谁也没少干，可在对方的眼里是谁也没干好。

不少企业的中高层管理人员常常说："我也特别希望知道下属们在想些什么，可是让他们说，谁也不开口，也不知道如何去了解他们的心态。"的确如此，如果在街上一个人径直向你走来，冷不防冒出一句："唉，你想什么呢？"恐怕任何人不但不会搭理他，还会觉得这人有毛病。岂不知"酒逢知己千杯少，话不投机半句多"。人心里的秘密怎么能对谁都诉说呢？

作为领导者，一个十分重要的职责就是与下属交朋友。有些领导者

可能会说：朋友岂是能随便交的。要知道，作为一个领导者就应该学会
与不同性格、不同年龄、不同层次的人交朋友，至少应能在某一方面做
到这一点。

赞美的激励作用

作为圈中的领导者，主要是靠影响和激励来刺激下属，使他们能更
好地完成工作。而适时的适当赞美是对下属最大的激励。

美国著名企业家玛丽·凯·阿什认为："要成为一个优秀的管理人员，
你必须了解赞美别人可以使人成功的价值。赞美是一种有效而且不可思
议的推动力量。"国外很多企业家都很重视赞美的作用，使用各种方式
去表扬职工、下级，用口头的、书面的、精神的、物质的种种方法去调
动他们的积极性。赞美使人意识到自己的价值，可以增强个人的自信心。

但是很多时候，管理者却不太注意适时地对员工就给予赞美，对别
人的工作成绩表现得过于冷静。认为干得好是理所当然的，就应该如此，
而且以为每个人都应达到同样的水平，忽视了个人之间的种种差异，忽
视了个人在取得成绩的过程中所付出的努力。一般来说，这种管理心理
会在无形中挫伤别人的积极性。之所以出现这种情况，原因很多。没有
意识到正面激励对人的促进作用，在工作中就会忽视赞美的作用。这样
的管理者可能是严格有余而鼓励不足，下属在他面前首先想到的是别出

差错，不求无功，但求无过，别求表扬，不挨批评就万幸了。结果恰恰相反，因为人们顾虑太多，难以发挥主动精神，工作难以有新的创造，管理者只能得到更多的不满意。

有时也因为有的人对当面称赞别人不好意思，甚至讨厌这种做法。这可能是因为从传统心理上说，人们习惯把当面称赞看成是阿谀奉承，把称赞与吹捧视为同物了。古人讲："谄媚之言甘，贤良之言直。"但不能简单地反过来解释为"甘言必谄媚，直言必贤良"。另外，就是现实生活中确实有很多人利用人们喜听"甘言"的特点而投其所好，以达到个人目的。如孔子所说："巧言令色，鲜矣仁。"这句话的意思是，花言巧语，一副讨好人的样子，这种人很少有仁德。所以对这种人的赞美就该注意了。一般来说，正直的人会理性分析，客观评价，自然也就不会去轻易赞美什么人了。

人们在被称赞时往往表现出窘迫，也是使别人不好意思轻易赞美人的原因。人们喜欢被别人称赞，但又不知如何坦然地接受。对于国人的比较含蓄的习惯来说，如何接受称赞似乎更复杂一些。

美国人在被称赞时说声"谢谢"就可以了，而我们如简单地说"谢谢"，就会被认为有点骄傲，而说"哪里"、"过奖"，"言重"似乎又有些言不由衷。类似的矛盾心理会以言行不统一的形式表现出来，就是口说"不敢当"，而脸上放光，手足失措，既高兴又掩饰，这种心理影响了人们对称赞的使用。

生活中需要赞美的场合很多，赞美对自己、对他人的影响都是积极的。因为赞美使对方感到愉快，而因为能使对方愉快，自己也会感到愉快。对劳累的母亲、贤惠的妻子、聪明的孩子，都应该及时地把自己的感激和赞美告诉他们。遗憾的是人们对于司空见惯的事太不注意，没有意识到他们的需要，更没有意识到你可能是唯一能满足对方这种需要而又不费吹灰之力的人。

莎士比亚说过："我们得到的赞扬就是我们的工薪。"从这个意义上说，每个人都是别人"工薪"的支付者。你也应该慷慨地把这笔"工薪"支付给应得的人。我们平时听到的最多的牢骚是什么？不是"太累了"或"太苦了"，而是"干了这么多，谁也没说个好字"。类似的牢骚很能说明问题，人们需要得到"工薪"，而应付"工薪"的人又太吝啬了。

管理者应该认识到，任何时候都可以赞美别人，赞美对他们来说，就像荒漠中的甘泉。对能干的员工你可以称赞他的才干；对尽心尽力才完成最低定额的职工，应该称赞他的精神；对勇于创新的人，应该称赞他的开拓精神。

总之，不论对任何人，都应该根据他的实际情况，看到他的贡献和新的起点，给予真诚的赞美。每个人都需要赞美，主管人员应该善于发现机会，及时给予。没有出口的称赞如同没有支付的工薪，是不会转化为物质力量的。

赞美之所以对人的行为能产生深刻影响，是因为它满足了人的较高层次的需要。马斯洛的需要层次理论，谈到人除了生理、安全、社交的需要外，还要得到尊重和自我实现。国外的其他激励理论，如双因素理论、期望理论等，也都强调了人的高层次的需求对其行为的影响。

一般说，高层次的需求是不易满足的，而赞美的话语，部分地给予了这种满足。这是一种有效的内在性激励，可以激发和保持行动的主动性和积极性。当然，作为鼓励手段，它应该与物质奖励结合起来，没有物质鼓励作基础，在生活水平不太高的条件下，会影响精神鼓励的效果。但是行为科学的研究指出，物质鼓励（如奖金），其作用将随着使用的时间而递减，特别是在收入水平提高的情况下，更是如此。另外高收入下按薪金比例拿奖金，开支过大，企业也难以承受。

美国福克斯波罗公司对重大科技成果的奖励是一枚小小的金香蕉形别针。其用意主要是表明社会和集体对其工作成绩的承认与尊重。人对精神鼓励的需求是普遍的、长期的，社会越发展越是如此。由此，我们也可以得出结论，重视赞美的作用，正确地运用它，是管理者的有效管理方法之一。

赞美要及时

赞美是对一个人的工作、能力、才干及其他积极因素的肯定。通过赞美，人们了解了自己的行为活动的结果，所以说，赞美是一种对自我行为的反馈。而反馈必须及时才能更好地发挥作用，一个人在完成工作任务后总希望尽快了解自己的工作结果、质量、数量，及相关评价等。

好的结果，会带来满意和愉快的情绪体验，给人以鼓励和信心，使人保持这种行为，继续努力；坏的结果，能使人看到不足，以促进下一次行动时的专注、改进，以求得好的结果。同时，人们需要通过尽快地了解反馈信息，对自己的行为进行调节，巩固、发扬好的东西，克服、避免不好的东西。如果反馈不及时，时过境迁，人的热情和情绪已经冷漠，这时的赞美就没有太大的作用了。

这里有一个金香蕉的启示：在福克斯波罗公司的早期，急需一项性命攸关的技术改造。有一天深夜，一位科学家拿了一台确能解决问题的原型机，闯进了总裁的办公室。总裁看到这个主意非常妙，简直难以置信，就琢磨着该怎样给予奖励的问题。他弯下腰把办公桌的大多数抽屉都翻遍了，总算找到了一样东西，于是躬身对那位科学家说："这个给你！"他手上拿的竟是一只香蕉，而这是他当时能拿得出的唯一奖酬了。

自此以后，香蕉演化成小小的"金香蕉"形的别针，来作为该公司对科学成就的最高奖赏。由此看出美国福克斯公司领导对及时表扬的重视。

不仅仅是重大的科技成果要及时奖励，对下属的点滴微小成绩，上司也应很重视，及时加以鼓励。美国惠普公司的市场经理，一次为了及时表示酬谢，竟把几磅袋装果子送给一位推销员，以鼓励他的成绩。另外一家公司的一位"一分钟经理"，提倡"一分钟表扬"。就是"下属做对了，上司马上会表扬，而且很精确地指出做对了什么，这使人们感到经理为你取得成绩而高兴，与你站在一条战线上分享成功的喜悦，然后鼓励你继续努力。一共花一分钟时间"。下属们对"一分钟经理"的做法，颇为欢迎。这位经理说，帮助别人产生好的情绪是做好工作的关键。正是在这种动机的指导下，他实行了"一分钟表扬"。这样做有三重意思：第一就是表扬要及时；第二是表扬具体，准确无误，不是含含糊糊；第三是与部下同享成功的喜悦。

及时表扬是一种积极强化手段，它可以使员工和部属很快了解到自己行为的反应，有利于巩固成绩，向前发展。有些主管却喜欢不动声色地看着别人的成绩，然后加以"储存"，在适当时候才找出来"提一提"，此时，其效果已经减弱了一大半了。

所以，我们应该接受"金香蕉"的启示，像"一分钟经理"那样，对员工做出的成绩及时赞美。应该让下级感受到上司在随时关注着他们的每一个成绩，随时准备为他们的成功喝彩，这样做也表现出上司的敏锐和快节奏、高效率的工作作风。

赞美须真诚

赞美下属，表扬下属，是领导驾驭圈子的常用方法，但赞美和表扬不是说一些"年轻有为，前途无量"、"干得不错"之类缺乏感情的公式化语言，这些都很难打动人心。人们希望得到赞赏，但这些赞赏应该能真正表明他们的价值。就是说，人们希望你的赞赏是你思考的结果，是真正把他们看成是值得赞美的人而花费了精力去思考才得出的结论。真诚的赞美要有一定的前提，失去以下所提到的前提，真诚便无以寄托。

英国 18 世纪的文坛泰斗塞缪尔·约翰生尚未成名时，经济上很拮据，生活贫苦，长期在贫困和饥饿线上挣扎。约翰生于 1747 年拟就了一个编纂英语词典的计划，出于当时的境地，约翰生希望能找一两个"恩主"、"提携人"援引一下。当时，切斯特菲尔德伯爵是英国文坛、政界的一个显赫人物，他是贵族、政客，又是知名作家。于是约翰生把这个计划呈送给切斯特菲尔德，希望能得到伯爵的赞许和资助。

不料，伯爵对该计划毫无兴趣，没有答复约翰生的请求。以后，约翰生又在公共场合多次向伯爵致意、恭维，希望能引起伯爵的注意，然而也毫无效果，屡遭冷遇。约翰生万般无奈，愤然独力奋斗。他单枪匹马，孤军作战，历时 7 载，终于编成了历史上第一部英语词典。

但就在词典即将出版之际，切斯特菲尔德忽然在当时颇有影响、销路甚广的报纸《世界》上发表了两篇评论文章，对约翰生的词典极为赞扬，甚至捧上了天。切斯特菲尔德这样做，无非是想以约翰生的提携人自居，使人们认为是他赞助了约翰生的工作，从而分享约翰生的荣誉。约翰生得知后，立即挥笔回书，毫不含糊地否认切斯特菲尔德或其他任何人是自己的"提携人"，不客气地介绍了事情的经过，用措辞犀利的语言地讥笑切斯特菲尔德这个事后"恩主"。

这里切斯特菲尔德的赞扬就带有明显的获利的目的。他的赞扬是一小笔微不足道的投资，企图从约翰生那里获得特殊的荣誉，他被嘲讽是理所当然的了。生活中还有很多这样的情况，由于赞扬者动机不纯，使赞扬失去了作用。就像人们深恶痛绝的阿谀奉承、"吹喇叭"、"抬轿子"，一般明智的人总是很警觉的。"溢美之言"、胡吹乱捧，尤其是赞美者希望通过赞美得到好处，听者的防范大多很明显。如中国女性在听到对方突然称赞她的外貌时，总是很警惕的。

同样道理，一位管理人员如果总是扮演老好人角色，不论对方表现如何，都是赞扬，对方就会从赞扬者的动机上去找原因：拉拢人、不诚实、挖苦人、不怀好意……

所以，一位管理人员应该懂得何时需要赞美，怎样表达内心的真情实感，不应滥用赞美误人误己，也防止有些人利用赞扬以获利。

无疑，表扬是鼓励下属士气、激励下属进取的一种有效手段。如果属下总是挨上司责骂与批评，必定在一种不愉快的心情之下做事，而这种心情又会带来工作上的失误，造成恶性循环，使工作毫无起色。

然而，表扬下属不可滥用，否则同样会产生负面效应。正如任何一种良药，如果剂量超出，不但不能治病，反而会有害身体。

表扬少而精才能提高它的"含金量"。如果有十个下属，有八九人都得到表扬，表扬就会使人觉得没有什么分量，几乎人人有份。而如果只有一两人才有此殊荣，得到表扬的人才会珍惜，没有得到的人也才会努力争取。

对于同一个人来说，如果一个月之内受到表扬四五次，也会使其产生自满松懈的心理，认为自己总是不错的，而一旦缺乏了压力，人就会懒惰，不思进取，就容易犯错误或做错事。

任何一个精明的企业领导都应该巧妙而合理地运用表扬这一调动下属积极性的武器。但是，如果该批评时不批评，反而显得有些矫情了，这也是不正确的做法。该批评时尽量批评，这样才能显出彼此之间的亲切。因为亲切不是恩宠，更不是虚伪，而是一种发自内心的体贴。这种体贴足以使下属如同沐浴在温暖的阳光下，而渐渐茁壮成长。对于下属，要能施予体贴的责备，这才是具有说服能力的上司。

在企业界中，如果上司要看下属的脸色来办事的话，就完蛋了。

如果，上司只愿听到下属对他的好评，这就表示上司的度量狭窄，不够宽宏。这样不但无法领导下属，同时，更得不到下属的信赖。

　　责备他人的原则有两点：第一，要纠正当事人的缺点；第二，当事人的缺点足以损害全体利益时，如果此时责备对方的话，对方反而会感到一股"被关怀"的温暖，所以，即使受责备也不会动怒。

　　但是，只靠一时意气用事，而怒骂对方的话，一定会造成对方的反感，这样，对事情反而一点儿帮助也没有。

　　如果，上司只顾自己的立场，稍微不满意，就找下属的麻烦，苛责他们，这样的话，他们不但会对工作失去兴趣，同时，也会满怀愤怒之心，不会再自我检讨或反省。

　　因为，当下属不断受到责备时，就会觉得上司冷酷无情，这个时候，不论上司如何耳提面命，他们都不会再接受了。如此，做上司的人就是彻底失败了。

　　批评人也有诀窍，就是不要批评全部，只批评一部分。假设 A 职员代表 100，那么其中 50 是优点，另外 50 是缺点。要批评的话，只能批评缺点中的一部分。

　　"你这个人相当不错！如果你代表 100 的话，其中 60% 是优点，但是，你还有 40% 的缺点，而这缺点往往会影响到你的优点，这不是太可惜了吗？但是，你可能没有办法一下子完全改好。不过，我希望你能一点一点地改。你可先纠正 40 当中的 10，这样，你的缺点只剩 30，而优点就有 70。然后，你再继续纠正 10，这样，缺点就只剩 20，而优点就有 80。你坚持不断地纠正下去，总有一天会变成 100% 的优点，这是相当了不起的一件事！希望你能先从 10 来纠正！"

　　能有这样的说服力，下属才会乐意接受上司的领导和指挥。可见对待下属，不能一味责备，即使他的工作是不尽如人意的。

因为过分的严厉与指责只会使本来就不太显眼的下属更加战战兢兢，干起事来畏首畏尾，到头来还是挂一漏万，事情办得更糟。因为下属总是在提心吊胆中过日子，紧张的心态之下是难以主动出色地发挥自己的特长的。

而胡乱赞扬，也会带来不好的效果，会给下属造成无论工作好坏，反正公司不会责备的观念，因而敷衍了事，得过且过。

正确的做法是有弹有赞，褒贬结合。这其中选择弹赞的时机是很重要的。

如果一个下属，工作的确干得不错，总结表彰后便会洋洋自得，自视颇高，这时只要发现他的一点小错误，都要敲打他一下，以为警诫；反之，有的下属，工作努力但成效不大，如发现他有件事办得不错，立即褒扬，会使他充满信心，克服自卑情绪，努力改进工作。

可以说，弹与赞应该是上司领导艺术的指挥棒。

"架子"可以彰显威信

《现代汉语词典》对"架子"一词的解释是：自高自大、装腔作势的作风。这的确是人们对"架子"的普遍印象和产生反感的原因。但从另外一个方面来看，"架子"绝不仅仅是一个消极、负面的东西，而有着它积极而微妙的意义，成为许多领导者驾驭圈子的一种十分有效的艺术性方法。

"架子"其实可以理解为一种"距离感"。许多领导正是通过有意识地保持与下属的距离，使下属认识到权力等级的存在，感受到领导的支配力和权威。而这种权威对于领导巩固自己的地位、推行自己的政策和主张是绝对必需的。如果领导过分随和，不注意树立对下属的权威，下属很可能就会因为轻慢领导的权威而怠惰、拖延甚至是故意进行破坏。所以，领导通过"架子"来显示自己的权威，进而有效地行使权力是无可非议的，对于领导很好地履行自己的职责也是必要的。

"摆架子"会给领导带来威严感，会给下属这样一种印象：即他可以随时行使他的权力来达到自己的目的。威严感会使领导形成一种威慑力，使下属感到"服从也许是最好的选择"，而"不服从则会给自己造成不利"。

其实，所谓的"架子"的用处早就被马基雅维里等政治学家所论述过了。在几百年前，意大利的政治学家马基雅维里曾写过一本叫《君主论》的书，以惊世骇俗之笔揭示了政治的真相，并给统治者提出了许多真知灼见，其毫不遮掩、一针见血的叙事风格可与《韩非子》相媲美。他在书中写道：

"君主必须是一头狐狸，以便认识陷阱，同时又必须是一头狮子，以便使豺狼惊骇。

"君主如果被人认为变幻无常、轻率浅薄、软弱怯懦、优柔寡断，就会受到轻视……他应该努力在行动中表现伟大、英勇、严肃庄重、坚忍不拔。"

马基雅维里不止一次地提到，君主应通过种种手段，甚至包括表面上的装腔作势和耍些小手段来获得别人的尊重、爱戴和潜在畏惧。这与"架子"的妙用是相一致的。

作为下属，如果你能理解到领导为保护、运用和扩大权力而绞尽脑汁、不遗余力时，如果你能理解到这种权力正是他事业有望成功的基础时，你就会理解"摆架子"的秘密了。

"架子"有助于处理事务

前面已说过，"架子"其实就是一种距离感。距离感不仅会给领导带来心理上的安全感受，而且还为他处理人际关系及政务提供了一个回旋的余地。许多领导正是靠着这种距离感的调整来实现着自己的目的。

在不同的时间、场合下，对不同的人行使不同的"架子"就会形成不同的人际距离。领导可以随时根据自己的需要来调节这种距离，从而把不同的人的积极性和进取心调动起来，为实现自己的意图服务；而没有层次感的随和和友善，则是"仁有余，威不足"，不能达到这样的效果，还不利于领导处理棘手问题。

许多领导最头痛的便是事无巨细都要亲自处理，他们更希望自己能抽出时间和精力来处理大事。而随和的言行会使下属产生一种错觉：这个领导好说话，是不是让他给我解决一下我的问题？……这样，势必会使许多下属抱着侥幸的心理来请求领导的亲自批示，而一旦不能满足又会心生怨恨。所以，许多领导就喜欢利用这种"轻易不可接近"的"架子"来逃避细小琐事的烦扰，把更多的脑力用于谋划大政上。

作为下属，你是否曾感受到这种亲疏有别、拒人门外的"架子"呢？你能否理解他的这种心态呢？

"架子"能使领导增加仪表魅力

时代在发展，那种"走在人群中辨不出谁是领导谁是群众"的领导方式在一定程度上已不适用于今天的社会生活了。现在，大多数人都能够接受这样的观点：人应该讲究仪表风度。对领导们来说，也是如此。"架子"会增加领导的气势和威严感，只要做得不过分，它无疑会使领导显得更有魅力。

曾有政治学家论证说，群众都有服从权威的倾向，而领导通过得体的"架子"而表现出来的自信心、意志力、傲视群雄的态度以及凌驾于众人之上的气势则有助于增加自己的权威，使自己显得更有魅力，显得更像领导者，更能从形象上唤起别人的敬畏和好感。

有时，下属会发现自己的领导有点儿装腔作势，其实他只是在模仿伟人，想使自己显得更有领导者的魅力罢了，在可叹之余，你是否会理解他呢？

与下属保持适度的距离

人们常认为领导要驾驭好圈子，必须深入到自己的圈子中去，与圈子中的员工打成一片，认为只有这样的领导才是好领导，这话从原则上讲无疑是对的，但也存在一个"度"的问题；如果分寸把握不好，则可能适得其反。

常见到这样的现象：许多领导都有几个与自己来往密切的下属。领导若想了解下情，免不了找这几个人谈一谈；这几个人若有什么想法，也忘不了先找领导去汇报。对此，本无可非议，然而，久而久之，其隐患也就在其中了。

一是泄露了组织机密。由于领导与下属关系过从甚密，彼此间无话不说，什么原则、纪律，自然也就不顾了。现实中为什么有些领导班子内部保不住密，恐怕无不与此有关；二是阻碍了正确意见的来源。每位领导都很难做到与每一位下属保持甚密的联系。因此，如果只把少数人的意见作为正确的意见或信息来源的唯一渠道，到头来势必以偏概全，影响了自己的判断力；三是不利于开展批评，由于关系甚密，下属往往把领导当作知己，有什么"难"、"冤"都直言不讳，其中也少不了有些私心杂念，然而，由于领导碍于情面，也不便开展批评；四是影响了领导之间的团结，下属是一个群体，群体里的每一个人又不可能与每一个领导保持甚密联系，如果每位领导只与几个人关系密切，势必会导致谁是谁的人这样的说法，这种按人划线的做法历来都是有害的，也是导致领导班子不团结的重要因素。

藏而不露是为了蓄势待发

当自己的力量处于弱势，比如兵力还不够多，党羽还不够众，威望还不够高，如此等等不及别人的情况下，必须韬光养晦，做到深藏不露，绝不可让人看出你将有和他分庭抗礼甚至取而代之的苗头。否则，你此时羽翼未丰，他若生了杀机，要将你翦除，那实在易若反掌。

当年刘备寄曹操篱下，青梅煮酒论英雄之际，你道一个雷鸣电闪果真能吓得刘皇叔酒杯掉落？这也不过是刘备藏锋隐芒的一种表演罢了。设若此刻曹操看出端倪：此公将日后割据蜀国与我一争高低，那刘备就死到临头了。

但藏而不露的根本目的不在藏而在露，你必须看准时机，在该露的时候毫不犹豫，立刻脱颖而出。当然，在藏的时候，并非被动地四处躲藏而是藏中有露，时而藏，时而露，神龙见首不见尾，这样才能保证他日时机一到，你能一出必成。

武则天初期摄政时，在高宗面前将其目的深藏不露，而在文武大臣那里，已经显示了她的执掌政权的实力，所以日后她能一举成功取高宗而代之。

藏与露的时机实在难以掌握，何时当藏拙，何时当露锋芒，是没有一定之规可循的，只有相机而动，适时而出。

在一个团队之中，其成员都追随实力安排自己的行动。好些善于露的一把手和善于藏同时善于露的二把手、三把手往往得到官场列位的拥戴。通常，一把手应该时时处处显示自己的实力和威信，第二、三把手应在隐藏自己。循序渐进，扩张势力的同时，显现其给予人以希望的力量。两者的目的都是一样，也即争取更多的群众和随从。在一号位，有一号位的争取法，在二号位、三号位，有二号位、三号位的争取法。如果盲目求进，只会给自己带来麻烦。

第七章

圈子还是圈套，
职场上必须提防的那些人

人是社会性的动物，在与周围环境的接触中，有了志同道合的朋友和伙伴，久而久之就形成了一个无形的圈子。拥有良好的圈子，经营好圈子，会使你的事业、人生插上无形的翅膀，但有时圈子又像一个带屏障的套子，阻隔了你的视野和向外发散的能力。如何使自己赖以生存的圈子不变成阻碍你前进的圈套，关键是对圈子中的朋友有选择地交往，远离那些背后使坏的小人，不断扩大自己的圈子，使自己在不同的圈子中出入自由，如履平地。

不要得罪心胸狭窄的小人

在圈子中，常有一些心胸狭窄的小人，他们心眼儿小，容不下事，一点小事就记在心里，甚至长时间地记恨，直到有一天他终于有机会报复你，你还不知道因为什么得罪了他。心眼儿小的人好嫉妒，看不得别人比自己强，而且越是好朋友，接触最多的同事，他越不希望你混得好、干得出色。心眼儿小的人喜欢斤斤计较，要么什么事都跟你争个是非长短，要么动不动自己生闷气、生闲气。心眼儿小的人好像玻璃人，一碰就碎。防范这样的人只有一招好用：保持距离。

西汉的主父偃未发迹时，穷困潦倒，连借钱都无处可借。世态的炎凉，自身的困顿，使他对世间的一切充满了仇恨，发誓一定要出人头地，报复那些羞辱他的人。他一度游历了燕、齐、赵等藩国，可始终不被任用，这更增加了他的仇恨心。万般无奈，他孤注一掷，来到首都长安，直接向汉武帝上书。这次的冒险使他大有所获，汉武帝对他竟十分赏识，立即授他以官职。一年之内，他竟连升四级，官居显位。

有了权势，主父偃便迫不及待地施展了他的报复行动。以往得罪过他的人，都加以罪名，纷纷收监治罪。哪怕只是从前对他态度冷淡的人，他也不肯放过，极尽报复之能事，不惜置人死地。至于当初冷遇他的燕、齐、赵等藩国，他更是处心积虑地把一腔仇恨发泄在其国王身上。汉武帝的哥哥刘定国，是燕国国王，他无恶不作，臭名昭著。他先是霸占了父亲的小妾，生下一个儿子，接着又把弟弟的媳妇强行抢来，据为己有。主父偃正为如何报复燕王发愁之际，偏赶这时有人向朝廷告发了燕王的丑行。主父偃主动请缨，获准受理此案。他假公济私，不仅向武帝诉说此中实情，还添油加醋地编排了燕王其他"罪行"，终迫使燕王自杀了事。

汉武帝的远房侄子刘次昌，为齐国国王。主父偃想把自己的女儿嫁给他，却遭到齐王的拒绝，为此，主父偃怀恨在心，便对武帝进言说："齐国物产丰饶，人口众多，商业兴旺，民多富有，这样的大国如此重要，陛下应该交由爱子掌管，才可免除后患。"主父偃的一席话打动了汉武帝那根脆弱的神经，他遂被任命为齐国丞相，监视齐王的举动。不想主父偃一待上任，便捏造罪名，对齐王严刑逼供，肆意陷害，齐王吓得自杀而亡。下一个报复目标自然是赵王了。赵王刘彭祖深知这一点，索性来个先发制人，抢先上书汉武帝，揭发主父偃贪财受贿，胁迫齐王。

主父偃这次猝不及防，陷入被动。他被收监下狱，承认了受贿之罪，却拒不承认对齐王的胁迫罪名。

汉武帝本不想杀他，主父偃的政敌公孙弘百般进谗，说他胁迫齐王，离间陛下的骨肉，非杀不可。加上主父偃树敌太多，竟无人肯为他说一句好话，终使武帝狠下心来，将主父偃族灭。

主父偃有此下场，先前早有人劝诫他说："做人不能太过霸道，不留余地。你如此行事，实在过分，我真为你担心呐！"主父偃却不以为然，振振有词回答说："大丈夫生不能五鼎而食，死难免五鼎而烹，我求官奔波四十余年，受尽屈辱，今朝大权在手，又怎能不尽情享用？人人都有欲望，人人都有私心，穷困时连父母、兄弟、朋友都不肯认我，我又何必在意别人的说法？"

瞧，这样的人多么可怕。在他未发迹时大家平等相处，言语、行为冒犯之处自是难免，如果对这样的小人不加识别、不加防备，哪一天被他整治一番，还不知道怎么回事呢。俗话说"宁得罪君子，不得罪小人"，就是这个道理。

要提防小心眼的上司

当你还不是圈子的领导者时，一定要处理好与领导者的关系，在圈子中有一些这样的领导人，他们心眼儿小、报复心强，如果他只是一个普通人也就罢了，最多离他远点——惹不起总还躲得起吧。可有些人你偏偏躲不开，如果是你的上司，不仅躲不开，他还是你的"衣食父母"，你的前途大半攥在他的手心里。小心眼儿的上司其表现不一定都是报复心强，还有一种典型的表现是疑心重，整天疑神疑鬼，总怕你威胁到他的权力和利益。这时候你动辄得罪、冒犯了他，就会挨整；事做多了，功立大了也可能挨整。

周勃是汉高祖刘邦的同乡，他追随刘邦，屡立战功，被封为绛侯。刘邦死后，吕后专权，汉宫面临严重的危机。周勃此时身为太尉，虽握有兵权，却被吕氏子弟架空，不得施为。他自不气馁，暗中始终为铲除吕氏而精心筹划。

吕氏死后，周勃见时机已到，便毅然起事。他来至军营，对军士们说：

"先皇密诏，清除逆党。我受先帝重托，望各位助我除奸。忠于刘氏者袒露左臂，忠于吕氏者袒露右臂！"

周勃德高望重，有此登高一呼，军士们无不响应。周勃于是率领这支军队清除了诸吕，迎立了刘邦的第五个儿子刘恒为帝，史称汉文帝。

如此功勋，不想却招来了汉文帝的猜忌之心。他自知没有周勃的拥立之功，自己决然当不上皇帝。可他有这等能耐，对自己始终是个威胁。

汉文帝表面上对周勃加官进晋爵，背地里却一脸忧郁，寝食不安。

周勃的一位家人私下对周勃进言说：

"大人铲除逆党，厥功至伟，皇上感激之余，疑心便会产生了。大人何不主动请退，以安其心呢？"

周勃一笑置之，说："皇上仁慈宽厚，自是不比常人了。你以小人之心度君子之腹，不是很可笑吗？"

周勃雄心勃勃，一心想为重振汉室江山再立新功。他这般举动，却是更令汉文帝不可忍受了，他索性以被封侯的人都该回到自己封地为由，把周勃赶出了朝廷。

事至于此，周勃方知皇上对他怀有戒心，他大为恐惧，以至朝廷来人，他都吓得穿上盔甲，以防不测。他如此小心，还是遭人暗算，有人告他谋反，汉文帝不由他分辩，便将他逮捕入狱，欲治其死罪。

周勃几近绝望之际，重金贿赂狱吏。狱吏为其出了一策，周勃如梦方醒，连连称谢。

原来，狱吏只在一副竹简的背面写了六个字："请以公主为证。"公主是汉文帝的女儿，周勃的大儿媳妇。

周勃依计而行，公主于是求老太后出面，文帝碍于情面，这才不得不放了周勃。

事后，周勃亲自向那个狱吏致谢，那个狱吏说："大人实在太幸运了。我看管的这个狱门，凡被人告之以谋反的，没有一个人能活着出去过。大人的幸运，可是公主的功劳了。"

周勃万分感慨，连连摇头说："我自以为位高权重，却是不及你通晓人情世故啊。我先前不听家人相劝，终有此祸。今用你策，方解大难。这其中的教训太深刻了，我能不死，真是万幸啊。"

周勃的经历确实让人感慨万分：难道遇到这样一个上司就真的没有我们的活路了吗？有，但需要你把握好上下进退、说话做事的分寸。

朱元璋是历史上有名的难伺候的"上司"，他先后兴起胡、蓝大案，文臣武将被诛杀者达 4 万余众。然而，这并未使朱元璋罢手，大案之外，被其谋害的开国功臣也不在少数。其中最著名的有李文忠、傅友德、冯胜、刘基和宋濂。

李文忠是明太祖朱元璋姐姐的孩子，他的亲外甥，随其起义，转战多年，被封为曹国公。李文忠能武能文，家中多有文客来往。明太祖不悦，尽杀其家来客，李文忠惊恐得病。明太祖派人监护医药，李文忠中毒而死。

傅友德随刘福通起义，后投降明太祖，多立战功，进封颍国公。傅友德军中大将王弼在蓝玉被杀之后，对其说："早晚要杀我们了。"被明太祖探知，王弼被赐死，傅友德被逼自杀。

宋国公冯胜是徐达、李文忠之后的第一名将，因被人告私藏良马，娶蒙古女，收夺大将军印，赐死。

刘基是辅佐明太祖起事的第一谋臣。朱元璋曾将他比作张良，建国后，封诚意伯，赐其归老于乡。刘基怕被疑忌，不敢还乡，留住京师。1375年得病回乡，不久病死。据说，明太祖示意人下毒，其子不久被迫坠井自杀。

宋濂是明太祖第二大谋士，屡立战功，建国后任太子师，凡十余年，明太祖密使人侦视，然后查问。胡惟庸案起，宋濂的孙子因事牵连，明太祖将其处死，连坐到宋濂，太子求情，免死罢官，行至途中，被逼自缢。

但是，在这一连串中的猜疑和打击下，仍有人能死里逃生，不能不说是一个奇迹。这就是同为开国功臣的汤和。

汤和平时极为恭慎，遇明太祖面，即顿首谢罪。53岁时进封信国公，知明太祖不愿诸将执掌兵权，便自请辞甲归田。明太祖大悦。1395年，汤和寿终正寝，明太祖追封东瓯王。

由此看来，如果你不幸遇到一个疑心重的上司，在现代社会固然不会遭受砍头之祸，但时不时被穿个小鞋、长期无法升迁，毕竟也是不开心的事。何妨学一学汤和，虽不至"解甲归田"一走了之，至少应躲开他的猜忌之处，最大限度地保护自己。

小人物的背后拳脚更能伤人

圈子中也是有级别的，既有小人物也有领导者。当然我们说圈子中的小人物都只是相对而言，比如对于公司的部门主管来说，看门的老头、新进的普道员工都算小人物；对公司董事长来说，一个部门内的业务经理只能算个小人物；往大了说，对于一个省级干部来说，一个小县的县长也是个小人物。同样，我们普通人在日常生活中也常常把地位、财富远不如己的人自觉不自觉地看做小人物，一旦心目中对人有了这样的定位，你便不再重视他，想当然地认为小人物没有什么能量，即使偶有得罪对自己也不会造成什么伤害，其实大谬。

一家当地小有规模的企业因一件小事与一位中学老师产生矛盾。本来此事很简单，且确属企业理亏，他们放下架子表个态事情就过去了，可他们欺负一个普通老师是个小人物，根本不予理睬。殊不知，当地主管工商业的一位副市长正是这位老师的学生，老师情急之下一个电话打过去，副市长的秘书也只是给县长打了个电话，该企业的经理差点被撤职。

确实，小人物的能量一旦被激发，在特殊的时候，他在背后给你几拳照样能让你伤筋动骨。

咸丰十一年六月，咸丰帝崩于承德，享年 31 岁。八大臣即扶六岁的皇太子载淳在灵柩前即位。在京的王公大臣闻讯后都聚在恭亲王那里议事，对不召恭亲王参与此事感到不满。恭亲王虽未作声，但心里却有了打算。他为了摸清离宫诸人态度，当即打一道奏折，请求去承德奔丧。

肃顺等人见奏折，怕恭亲王来后与慈禧太后串通起来对付他们，当下拟旨，说是京师重地留守要紧，切勿来奔丧，一面又加强对慈禧太后的监视。慈禧很火，但因肃顺挟持着小皇上，她一时也没有办法。

恭亲王接到圣旨，知道是肃顺搞的，但因为是圣旨，不能违抗，也是急得束手无策。就在这时，军机大臣文祥以及内务府主事押了太监安德海来，要见恭亲王。

恭亲王闻听这几个人把安德海押了来，知道其中必有文章，所以当下命门官放他们进来，其他人概不准入内。

安德海是慈禧太后的宠监，怎么被押入京呢？

这得从恭亲王的奏折说起。恭亲王要求去离宫奔丧，被肃顺等人借圣上旨意给驳了，此事被安德海知道了，安德海秘密地告诉了慈禧太后。慈禧太后不甘心处于被动地位，她思来想去，心生一计，让安德海告诉御史董元醇奏请两宫太后垂帘听政。

董元醇遵照慈禧旨意写了一道奏折，交与了八大臣。

怡亲王载垣看罢奏折，拍案大骂："混账主意，我朝自开国以来，哪有什么垂帘听政！"

肃顺道："这明明是有人指使，应立刻驳回，免得他人再生事端！"

怡亲王道："对！驳回去！"当下提笔在原奏折上批下了一行字："如再敢危言乱政，当即按大清律加罪处置！"慈禧得知后，气得浑身发抖，心说：如不除掉肃顺这帮人，自己便有生命危险。当下与慈安太后商议。慈安太后本无意垂帘，但架不住慈禧太后一个劲儿地说，而且说得十分危险，于是也动了心。

慈禧道："除了密召恭亲王来处置，别无良策，恭亲王总是我们弟兄，当今的皇叔呀！"慈安道："那就叫他来吧。"

当下拟了懿旨，可是派谁去送呢？当时两宫太后发起愁来了。因为肃顺等人早已派人严守宫门，任何人不得随便出入。

安德海见慈禧愁眉苦脸，便道："太后，莫不是为那密诏送不出去发愁。"

慈禧道："正是为此，眼下离宫的形势你也不是不知，明着送不行，可密送也有闪失。一旦落入他们手中，就要招来杀身之祸。"

安德海道："老佛爷，奴才愿意舍死传递诏书。"

慈禧道："小安子，难得你一片孝心，可你天天常在我身边，他们能不注意你，你又能如何出得了离宫？"

安德海道："老佛爷，你真是聪明一世糊涂一时，当年三国时，曹操与东吴交兵，东吴来了个周瑜打黄盖，奸诈的曹操不也照样中计，肃顺未必比曹操转轴多少？"

安德海道："小安子愿当那黄盖。"

慈禧："那岂不苦了我的小安子。"

安德海道："为了太后，奴才粉身碎骨在所不辞，受点儿苦算得了什么，只要日后主子多疼奴才就心满意足了。"

次日，慈禧让太监宫女重新为她布置寝宫，安德海当众道："先皇刚刚驾崩，太后如此安排，恐怕有些不当吧。"

此话显然惹恼了慈禧，她当即骂道："大胆奴才，竟敢干预我宫事，来人呀，给我掌嘴！"几个人一拥而上，直打得安德海捂着脑袋连喊饶命。

安德海被打个鼻青脸肿，口吐鲜血。慈禧太后仍然怒气未消，命人将安德海押送京城交内务府惩办。

安德海苦苦求饶，慈禧哪里肯听，当即把手向外一挥，厉声喝道："带走！"

安德海被责的消息很快传遍了离宫，早有人报与了肃顺等人，他们闻讯也甚为开心。怡亲王道："这安德海可是太后的红人，怎舍得毒打一顿呢？"

郑亲王道："那小子该打，平日不得人心，没少在太后跟前说咱们的坏话。"

怡亲王道："一个小小的太监，责打一顿就罢了，还送什么内务府，真是小题大做！"

肃顺道："这位那拉氏被咱们控制起来，她哪里服气，一肚子怨气没处发泄，这回赶上她的小安子倒霉了，说不定得把命搭上。"众人边说边笑，可谁也没想到这里的文章。

安德海被押入京城，内务府的赵主事不知内情，当下提审安德海。安德海什么话也没说，偷偷地向赵主事递了个眼色，赵主事会意了，知道安德海有话要暗中相告。

这位赵主事也是慈禧太后的心腹人，当时他命左右退下，低声道："安公公有何话讲？"

安德海道："快快送我去见恭亲王，慈禧太后命我前来传递密旨，并有要事相告。"

就这样，恭亲王立即去了承德，给了肃顺一个措手不及，除掉肃顺等八大臣，确立了慈禧太后的地位。

一般情况下，与你地位相当的人即使想背后使你的坏，你也容易警觉，但小人物就不同了，你往往会在不经意间得罪了他，又在不知不觉中中了他的"暗器"。试想，被慈禧送出宫门的如果不是一个小太监什么的，肃顺等人还能这样大意吗？

在某一家公司，行政部和财务部两个部门的经理都是大学毕业，年龄、经历相仿，都非常有才华。行政部门经理为人和善，善于走群众路线。在日常工作中，对下属恩威并施，分寸得当。在业务上严格要求，从不放松，但偶尔出了什么差错，他却总能为下属着想，主动承担错误，为下属担保；每当出差，总是不忘带点小礼物、小玩意，给每一个下属一份爱心。

而财务部经理虽然工作成绩也很不凡，但在对下属的管理中，却严厉有余，温情不足。有时甚至很不通情达理，缺少人情味。曾有一位下属的老父亲得了急病，等把老人送到医院，急急忙忙赶到工作单位，迟到了几分钟。虽然这位员工平时工作勤恳，兢兢业业，从不误事，但这位经理还是对其进行了批评，并处以罚款若干。

不久，公司内部人事调整，行政部经理不但工作颇有业绩，而且口碑甚佳，更符合一个高层领导的素质要求，被提拔为副总经理。而那位财务部经理虽说工作也干得不错，但没料到下属中有一位他从来不放在眼里的"小人物"竟能"通天"：据说本公司总经理的儿子与他竟是同届同学！他有失人情味的管理方式，在领导眼里，其实不利于笼络人心，不利于留住人才，以至于原打算提携他的意图被取消了。

可见，"小人物"的力量汇在了一起，足以推翻任何一个"大人物"，所以作为领导一般不要轻易得罪小人物，不要与他们发生正面冲突，以免留下后患，要学会与"小人物"交朋友，俗话说，多一个朋友多一条路。不要用实用主义的观点去处理与"小人物"的关系，不要平时不烧香，临时抱佛脚，等到"有事才登三宝殿"时就晚了。所以应记住：你平时花在"小人物"身上的精力、时间都是具有长远效益和潜在优势的，在不远的一天，也许就在明天，你将得到加倍的报答。

言而无信的领导靠不住

在圈子中，一些领导者为了让下属替自己办事，往往把许诺说得天花乱坠，对于这种领导者我们尤其要提防。

这种领导者的具体表现，就是极力想把圈子里的人都纳为自己的麾下，当要人替他办事时，随意哄骗。用得着人家时，又是许愿又是承诺，好话堆满一箩筐，说得大家纷纷为他效命；而当用不着时，极尽敷衍之能事，记性也不好了，以前说过的全忘了。这样的领导失去了群众基础，失去了人心，一旦遇到什么工作失误或是错误，立刻就会墙倒众人推，无可挽回地一败涂地。

因此当领导的一定要一诺千金，这样在与下属打交道时才会成功。

中华民族有一个古老的传统，那就是对信用与名誉地注重。曾有个"抱柱守信"的故事，古时候有个年轻人，和人相约在桥下。他等了许久，约会的人不见。一会儿，河水上涨，漫过桥来，他为了守信，死死地抱住桥柱，一门心思地等待着友人的到来。河水越涨越高，竟把他淹死了。这位年轻人抱柱而死的行为尽管过于迂腐，然而，那种"言必信，行必果"的品格，还是值得人们敬佩的。

在中国历史上，这一类"待人以信"的故事，不胜枚举。楚人称道季布："得黄金万斤，不如得季布一诺。"孔子也把"朋友信之"列为他生平的志向之一。"人而无信，不知其可也"更是他老人家的名言。很显然，重视信用与名誉，已经成为我们祖先做人的根本守则；相反地，不能信守诺言将导致与上级和下级交往的失败。上司对下属不能信守诺言主要表现在以下几个方面。

第一，许下诺言不能实现。上司许下诺言后不能兑现，将不利于在下属面前树立一个良好的形象，从而导致与上下级之间交往的失败。

某高校一个系主任，向本系的青年教师许诺说，要让他们中三分之二的人评上中级职称，但当他向学校申报时，却出了问题。

学校不能给他那么多名额。他据理力争，跑得腿酸，说得口干，还是不解决问题，他又不愿把情况告诉系里的教师，只对他们说："放心，放心，我既然答应了，一定要做到。"

最后，职称评定情况公布了，众人大失所望，把他骂得一钱不值。甚至有人当面指着他说："主任，我的中级职称呢？是你答应的呀。"而校领导也批评他是"本位主义"。从此，他既在系里信誉扫地，也在校领导跟前失去了好感。

其实，他完全应该把名额的问题告诉大家，诚恳地道歉说："对不起，我原先没想到。"并把每次努力争取的情况也向大家转述。这样，即使人们初时有些怪他信口开河，但也会谅解他。

第二，许诺自不量力。有许多诺言是否能兑现得了，不只是决定于主观的努力，还有一个客观条件的因素。有些照正常的情况是可以办到的事，后来因为客观条件起了变化，一时办不到，这是常有的事，因此，我们在工作中，不要轻率许诺，许诺时不要斩钉截铁地拍胸脯，应留一定的余地。当然，这种留有余地是为了不使对方从希望的高峰坠入失望的深谷，而不是给自己不做努力留有契机，自己必须竭尽全力。

第三，轻诺失信。有些人口头上对任何事都"没问题"、"一句话，包在我身上"，一口承诺；可是，嘴上承诺，脑中遗忘，或脑中虽未遗忘，但不尽力，办到了就吹嘘，办不到就噤若寒蝉。这种把承诺视作儿戏，是对朋友的不负责行为，要不得，迟早得为人所抛弃。

轻易对别人许诺，说明你根本就没考虑所办一件事情可能遇到的种种困难，这样，困难一来，你就只会干瞪眼，从而给人留下了"不守信用"的印象，许诺越多，问题越多。所以，"轻诺"是必然"寡信"的。

我们首先要避免的是，不乱开空头支票，即不"轻诺"。当你没有十分把握的时候，不要向人许诺，有几分把握，就实事求是地说几分。有经验的人一看你"轻诺"，就知道"寡信"，人家就不再信任并处处提防你；而一听你说："对不起，这件事我不能打包票，我可以努力一下试试。"就知道你是靠得住的人。

不重情义的人也不会守诺言

圈子是一个利益或情感的共同体，不论是对圈中的朋友或同事，我们都应该重情重义。重情义的圈中人信守诺言，而喜欢放空炮、说话不负责任的圈中人，往往无情无义，甚至把别人的情和义当做追求个人利益的砝码。对于这样的人千万要小心，稍不留神，你被他卖了，可能还替他数钱呢。

战国时魏、楚两国与秦接界，商鞅向孝公建议："秦之与魏，譬如父之有腹心疾，非魏并秦，秦即并魏。"并说其势不能共存，今魏新败于齐，虏其太子中，杀其将军庞涓，正可趁其人心惶惶举兵伐魏。魏不能敌，必举其都城东迁，则河西（今陕西省黄河以西大荔县等地）之地尽可为秦所有，东山以取天下，帝王之业可成也！孝公以为很正确，就派商鞅为将伐魏。

这时商鞅已是秦国的大良造（秦国所设最高官职，掌握军政大权），地位很高。率兵出发后，警报传到西河，守将朱仓向魏都告急。魏惠王派公子印为大将赶来抵御秦军。商鞅是卫国人，所以在未入秦以前也叫卫鞅，姓公孙氏，又叫公孙鞅。后到魏国求仕，相国公叔座在临死前推荐商鞅代替自己执法，惠王不答应。公叔座说："如不能重用，必杀之，勿使之出境。"惠王走后公叔座又叫来商鞅，告诉他赶紧逃跑，把对惠王说的话又对商鞅说了一遍，并说让惠王杀商鞅是为了国家，再告诉商鞅逃跑是为了朋友。商鞅说："他不能听你的话用我，也不会听你的话杀我。"果然惠王认为公叔座在重病之下说的是胡话。在这期间，商鞅同公子印的交情也很深，初到魏国即住在公子印家里。公子印也向惠王多次推荐商鞅，惠王仍然不肯重用。

周显王二十九年（公元前340年）商鞅率兵伐魏，既是为秦国开疆拓土，当然也有向魏王示威报复的意思，听说公子印率五万大军进屯吴城，商鞅有了主意。吴城是吴起在魏国为将时在河西筑起的坚固新城，易守难攻。

商鞅即派人给公子印送了一封信，谈起过去的交情如同骨肉，在魏国时受到的照顾未曾报答。如今魏国派他来守西河，这些城他就不好攻了，绝不敢骨肉相残，情愿缔盟结约罢兵回去，希望在城外玉泉山相见，为衣冠之会，为表真诚都不带兵，一来商定盟约条款，再就是借机见上一面，因为分别了十余年，有很多话当面诉说。

公子印看了商鞅的信，深为感动。他始终认为商鞅是个稀世之才，可惜在魏不得重用，现在秦国为相，大展抱负，他确实为商鞅高兴。现在两方面各为其主带兵对垒，能不厮杀当然是最好不过的事情了。他也渴望同商鞅见上一面。

公子印不但立即答应会面，还送给商鞅很多礼物让使者带回，一如商鞅离开魏国时赠送盘缠用物那样丰厚。

商鞅也回赠了珍贵的旱藕、麝香、白璧，借以表明友谊像旱藕一样珍贵难得，像麝香一样的芳馥，像白璧一般无瑕。信使来往，两人约定三日后在玉泉山会面。商鞅叫逼近魏城的前营撤回，以示真诚。

吴城守将朱仓提醒公子印注意有诈，去也要安排好警卫，并请求自己带兵接应。惹得公子印大笑说："你把我的朋友看成什么人了？知己之交，人间难得，吾之与鞅，生死不渝，岂肯相欺！"

于是公子印毫不戒备，脱去戎装，只带着一队亲随和掌管饮食、车辆、器物及乐工三百余人，到玉泉山赴会。商鞅在山上等候，见面互道寒暄，谈起从前的交谊，都非常感慨，纷纷坠泪。

公子印见商鞅随从不多，都不带兵刃，反倒怪自己疏忽忘记叫亲随将兵刃放到一边。随从们见商鞅态度真诚，口口声声讲通和交好，不打了，无不欢喜，都把来时还存有的一点戒心抛掉，深为公子印有这样一位朋友而欣喜。

两方面都摆下自己带来的酒宴，互相推让，乐工奏乐，场面壮观而又和睦。

然而等到酒酣耳热，公子印提出缔结合约时，商鞅却再一次敬酒。两边捧盘的侍役，都十分魁梧。公子印见酒杯举过头顶，觉得商鞅太客气了，却忽然听到山上号炮连响，看商鞅的神色立刻明白情况有变时，他的手已被左右两个捧盘的力士牢牢压住。这两个扮做捧盘侍役的一个是乌获，另一个是任鄙，都是秦国绝顶的力士，可以力举千钧，生擒虎豹，公子印虽然武勇，被两个人按住也动弹不得。

他向商鞅问道："相国莫非相欺否？"商鞅答道："暂欺一次，尚容告罪。以往在魏多蒙公子款待，难以为报，正欲请公子到鞅家做客耳！"

公子印被擒，顿足长叹懊悔不已。手下亲随、侍役等人全被预先埋伏的人马拿住，在包围中一个也不曾走脱。

商鞅命军士将公子印等人的衣服全部扒下，穿到秦兵身上，乌获扮成公子印坐在来时的车上，带人赶往吴城。城上的人见公子印回来，随行的人马还是原来去的那些，以为和约缔成，高兴地打开城门。秦兵一拥而进，逢人便杀，商鞅亲率大军跟踪而入，一举抢占了吴城。朱仓弃城逃遁，秦军迅速扫荡了西河全境，然后进逼魏都安邑（今山西省夏县东北 15 里）。魏惠王在两年中接连在马陵、吴城打了两个大仗，再也没有力量抵御，不得已和商鞅订了城下之盟，把河西之地全部割让给秦国，呈上河西版图，国都从安邑迁往大梁（今河南省开封市）。

商鞅班师回国，被秦孝公封为列侯，以商于（今陕西商南一带）十五邑为封地，号为商君。商鞅从这时候才开始叫商鞅。

战国无义战，战争双方很难说谁对谁错。但商鞅为求一战之胜不惜以情义作钓饵，把诺言当钓钩，这种行为实为正人君子所不齿。对于公子卬来说，对商鞅寡信弃义的本性没有一个清醒的认识而不稍加防范，也只能自认倒霉了。

靠蒙和骗为自己开路的人

有人说，善吹捧的人一般也都善蒙骗，这话不假。但吹捧和蒙骗术所使用的环境并不完全相同。比如和珅，靠吹捧起家并且一辈子都没停止过吹捧，但在他功成名就之后蒙骗的手段就使得越来越多了。与和珅这个吹捧的高手不同，南宋大奸臣贾似道更擅长欺骗。宋理宗过世后，度宗即位。度宗本是理宗的皇侄，因过继为子而即位，时年25岁。度宗上台之后，曾一度亲理政事，限制大奸臣贾似道的权力，显得干练有为，确实干了几件好事，朝野上下为之一振，觉得度宗给他们带来了希望。贾似道的权力受到了极大的限制，且有人上书弹劾贾似道。贾似道看到，如果这样下去，自己将会有灭顶之灾。

于是，贾似道精心设计了一个巨大的阴谋。他先弃官隐居，然后让自己的亲信吕文德从湖北抗蒙前线假传边报，说是忽必烈亲率大兵来袭，看样子势不可当，有直取南宋都城临安之势。度宗正欲改革弊政，励精图治，没想到当头来了这么一棒。他立刻召集众臣，商量出兵抗击蒙军之事。宋度宗万万没有想到，满朝文武竟没有一人能提出一言半语的御兵之策，更不用说为国家慷慨赴义，领兵出征了。

这一切，使得度宗心惊肉跳，他不得不想起朝廷中唯一的一位能抗击蒙军的"鄂州大捷"的英雄贾似道。他深深地叹了口气，在无可奈何之下，只好以皇太后的面子，请求贾似道出山。谢太后写了手谕，派人恭恭敬敬地送给贾似道。这么一来，贾似道放心了。他可得拿足了架子再说，先是搪塞不出，继而又要度宗大封其官。度宗无奈，只好给他节度使的荣誉，尊为太师，加封他为魏国公。这样，贾似道才懒洋洋地出来"为国视事"。

贾似道知道警报是他令人假传的，当然要做出慷慨赴任、万死不辞甚至胸有成竹的样子。他向度宗要了节钺仪仗，即日出征，这真令度宗感激涕零，也令百官羞辱惶愧、无地自容。天子的节钺仪仗一旦出去，就不能返回，除非所奉使命有了结果，这代表了皇帝的尊严。贾似道出征这一天，临安城人山人海，都来看热闹。贾似道为了显示威风，居然借口当日不利于出征，令节钺仪仗返回。这真是大长了贾似道的威风，大灭了度宗的志气。等贾似道到"前线"逛了一圈，无事而回，度宗和朝臣见是一场虚惊，拍手称庆尚且不及，哪里还顾得上追查是谎报不是实报呢。

贾似道"出征"回来，度宗便把大权交给了他，贾似道还故做姿态，再三辞让，屡加试探要挟，后见度宗和谢太后出于真心，他才留在朝中。这时，满朝文武大臣也争相趋奉，把他比做是辅佐成王的周公。通过这场考验，年轻的度宗对朝臣完全失去了信心，他至此才理解为什么理宗要委政于贾似道。原来满朝文武竟无一人可用，贾似道虽然奸佞，但困难当头之际，只有他还"忠勇当前"，敢于"挺身而出"。度宗哪里知道，满朝文武懦弱是真，贾似道忠勇却是假。度宗被瞒，不知不觉地坠入了贾似道的奸计之中。从此，度宗失去了治理朝政的信心和热情，把大权往贾似道那里一推，纵情享乐去了。

贾似道再一次"肃清"朝堂，他在极短的时间内，把朝廷上下全换成了自己的亲信，甚至连守门的小吏也要查询一遍，这样，赵宋王朝实际上变成了贾氏的天下。

其实细一思量，蒙古大军当前，即使你能大权独握，又能偏安几时？但贾似道之流偏偏不这样想，他有极聪明处，可把所有的聪明都用在了蒙上瞒下上面了，这是他的小聪明大愚蠢处，也正是他的可怕处。

小心抓住你的心理大行欺骗的人

没有人喜欢被蒙蔽、被欺骗，一个人一旦意识到自己上当受骗，大多咬牙切齿、痛心疾首，因为被骗的滋味确实不好受。有些人在了解你的个性和为人之后，会想方设法进入你的圈子，当你真正信赖他之后，他就会利用你心理上的弱点对你大行欺骗，让你不知不觉中进入他的圈套还浑然不知。

一位德国回来的华侨，准备到一家非常有名气的字画商店选购几张齐白石的画，他花了将近一万美元买了两幅齐白石先生的作品，老板赌咒发誓地说是真迹，而且还附有有关部门的证明。闲谈中，华侨留下自己的名片和自己所住宾馆的名字。

华侨兴致勃勃地把画带回宾馆，请当地画院的画家朋友鉴赏，不料其中有一位对齐白石先生的画术有深入研究的老画家，他一眼看出画是赝品，并指出证据。华侨听了，十分惊讶，也十分恼怒，决定第二天到那家画店去理论。

但还没到第二天，他便接到书画商店老板打来的电话，老板一再道歉，称自己昨天因疏忽将两幅临摹的作品卖给了他，商店打烊后，他检查账务和收检书画时才发现，并请那位朋友明天一早去商店换回或退款。

那位华侨接到电话，感动不已。第二天，他卷着画去了画店，老板香茶相敬，再三就昨天的事道歉，并说如果华侨有意买，他可以将现在的这两幅真迹以合适的价格出售，如果他不愿意买，也可以退款。说着，将两幅精心裱装的画从保险柜中取出。

听对方态度这么诚恳，那位华侨反倒不好意思起来，按昨天的原价买走了这两幅真迹。回到德国后，那位华侨突然有一天从一本艺术博物馆办的刊物上看到介绍自己买的这两帧画的文章，文中称，这两幅画现收藏于某艺术研究院内。华侨一下子就傻了。

用小信用制造假象、赢得信任，然后巧设更大的骗局，这就是说"谎"话时惯用的虚实相间、出其不意之术。

像这样的骗人精就连被骗者在痛定思痛之后恐怕也不能不佩服其手

段的高超。当然，大千世界无奇不有，骗人的招数也可谓"争妍斗艳"。像假中奖、假古董之类的骗术我们听得多了，但多是一些俗不可耐、骗骗财迷心窍的老太太们的把戏。还有一种"雅骗"则显得"文雅"和"有趣"得多。

罗亚琼小姐快四十了，还没有结婚。多年来她一直在一家会计师事务所工作，为人绝密严谨，性格沉稳执着。

夏天，生活在南部城市的姨妈突然去世了，罗亚琼小姐只身前去奔丧。火车上，她独自倚窗而坐，看着窗外优美的田园风光，这时候走过来一位英俊的中年男子，他指着罗亚琼旁边的空位很有礼貌地问过："对不起，请问这儿有人吗？"

罗亚琼小姐对这位先生，点了点头，说了声请。这位先生便坐了下来，然后非常爽朗地自我介绍："我叫麦克伦，很高兴认识你。"

罗亚琼小姐朝他友好地点了点头。过了一会儿，麦克伦先生转过脸来仔细地打量罗亚琼小姐，很惊讶地叫了一声："啊，天哪，怎么会这么巧，我们又见面了。"

罗亚琼小姐吃惊地望着麦克伦许久，脸上布满疑惑："我是罗亚琼。先生，我想你大概认错人了。我不认识你。"

"对！罗亚琼小姐，我认识你，我没认错人，你还记得去年夏天在海滨浴场吗？"北海海滨浴场风景优美，气候宜人，每到夏天就有成千上万的旅游者蜂拥而至，报纸、广播、电视几乎天天都有关于北海海滨浴场的广告与报道。"可是，"罗亚琼小姐说，"先生，我没有去过北海。"

"罗亚琼小姐，你怎么能将一切都忘得一干二净呢？当时你在北海海滨浴场时可真开心啊，你那么年轻、漂亮、举止优雅，我们好几位朋友都像我一样，对你充满了爱慕。"

"这是真的吗？"罗亚琼小姐忍不住问自己。是的，她多次梦想过自己要去海滨度假。可是每年夏天，她又放弃了这种想法，人家都是一家老小，或同自己的情人一道，我一个单身女子去那种地方太不方便，于是，她每次又放弃了这种打算。

"你真的一点也不记得了吗？罗亚琼小姐。当时你穿着一件淡绿色的游泳衣，上面还绣着几朵小绒花，真是太漂亮了。你还说，你多年以来，就一直梦想着来海滨，对吧？"

罗亚琼小姐的确喜欢绿色衣物与丝绒花，今天她还穿着一件绿衬衣呢，领尖上分别绣着两朵绒花，不过不细心的人是看不出来的。

"说真的，北海的牡蛎可真是不错，那股鲜味我至今还余香在口啊！"麦克伦先生说得有些忘情了，"罗亚琼小姐，你还记得吗，你当时给那个送饭来的侍者十元钱的小费，侍者直夸你，说你是位善良的小姐，还祝你永远健康漂亮哩！记起来了吗？"

罗亚琼小姐好像想起什么来了，她付小费的确十分慷慨，在火车站站台上，她给行李员也付了十元钱。慢慢地，她觉得自己真的是到过海滨。

麦克伦先生继续追述着去年他们在海滨的故事，罗亚琼小姐对麦克伦先生所讲的事一点也不怀疑了，还不时指出麦克伦先生讲述中不准确的地方。

接着他们谈到了彼此职业生涯中的许多事情。麦克伦先生可真是个有趣的人，他的故事一次又一次让罗亚琼小姐发出欢快的笑声。后来罗亚琼小姐主动建议两人一道去餐车喝点饮料。他们一道返回车厢的时候，他们谈笑风生，谁都看得出来，他们是一对多年的老相识了。

车到下一站的时候，麦克伦先生突然问："已经到站了吗？这么快我就得下车了！"二人互相留了通讯地址与电话号码。麦克伦先生下车后，罗亚琼小姐一直目送着他走出站台。

列车从广州站开出后，列车员走过来验票，罗亚琼小姐一摸口袋，大惊失色，她装有五千多美元的小包里已经空空如也，火车票也不见踪影。

那个骗子麦克伦先生一遍又一遍地对罗亚琼小姐进行攻心战术，描述那次子虚乌有的海滨之行，让罗亚琼小姐在不断重复与强调中掉入幻觉之中，进而和骗子一道欺骗自己。这个骗子可恨，也有其可爱之处，你与其说他是个骗子，不如说他是个精通女人心理的"雅骗"者。

把恩人的肩膀当成往上攀爬的阶梯

在圈子中，当你成为圈中的领导者后，你常常会提拔一些人，但你在提拔人时，要注意不要提拔那些不知感恩的小人，小人遇到恩人的帮助和提携，他日日思夜夜想的不是感恩，不是把事情做好，而是如何才能尽快地超越恩人的地位。恩人的肩膀能靠一靠的，他会踩着上；如果不可，恩人成了他往上爬的绊脚石，那就对不起了，一脚踹开，毫不怜惜和犹豫。

春秋时期，楚国伯嚭一家被佞臣费无忌陷害遭族灭，只身一人颠沛流离逃到吴国。伯嚭投奔吴国，一则因吴国是楚国的敌对国，二则因为伍子胥同伯嚭一样与费无忌仇深似海，不共戴天。伯嚭一见伍子胥就放声大哭，先是为伍奢一家的遭遇深表愤慨，接着哭诉合家遭斩的惨痛经历，继之大骂费无忌诱惑君王，杀害忠良，经过一番眼泪和愤恨的表演，才提出看在同国同乡同遭遇的份上，给个安身之地，向吴王举荐一下。

伍子胥是个忠厚老实的人，出于对楚平王和费无忌共有的憎恨，也由于相同遭遇而产生的怜悯，虽然原来与伯嚭没有什么私交，但还是决定向吴王引荐他。这时伍子胥的好友被离劝阻他说："你可不要轻信这个伯嚭呀！据我观察，这个人鹰视虎步，形貌含诈，其品性必贪婪奸佞，专擅功劳，任意杀人，切不可同他亲近。今日重用他，以后必为其所害。"伍子胥回答说："古语说得好：同忧相怜，同尤相救，惊翔之鸟，相随而集。人还是善良的多，你先不要猜疑。"

伍子胥便将伯嚭引见给阖闾。

在伍子胥真诚的介绍和大力推举下，吴王阖闾也可怜伯嚭的不幸，同情他的遭遇，又听他能说会道，见他频频表示效忠尽命的决心和誓言，就收他在朝中，封为大夫，命他同伍子胥共佐朝政。

同乡之情，"同病相怜，同忧相救"的古训，使伍子胥的感情大大地向伯嚭倾斜了。他做梦也没有想到他救起的却是一条毒蛇，30年后，他自己也冤死在这条蛇的毒牙之下。

不过，此时的伯嚭在吴的境况与伍子胥不可同日而语。伍子胥帮助阖庐登位，又协助他建城郭、设守备、实仓廪、治库兵，发展了吴国的实力，有大功于吴王，君臣关系亲密。而伯嚭呢，初入吴国，人生地不熟，虽得伍子胥之力而为大夫，实无功于吴国，和吴王的关系并不亲密，身在异国的他，脚跟未稳，羽翼未丰。

他只是谨慎小心地应付着周围的一切，以便争得一个较为安全的生存空间。在吴国，这个时候同他关系最亲近的要算伍子胥了，许多方面他都需要仰仗伍子胥的照顾。

再说，向楚报仇一事不靠伍子胥，凭他伯嚭对吴国的影响能办到吗？这一切，秉承了祖父伯州犁机敏之性的伯嚭当然清楚。他对伍子胥的依赖，决定了他对子胥的恭敬。这种恭敬的真实性还是可以相信的。向楚报仇是他和子胥的共同目的，这种共同目的，使他能与子胥同舟共济、互相配合。

公元前 506 年，阖闾兴兵伐楚，以孙武为大将，伍子胥与伯嚭为副将，率军进攻楚国，吴国一连打了五次胜仗，最后占据了楚国的都城——郢都。楚昭王弃国而逃，躲到隋国去了。在这都城失守的时刻，楚臣申包胥力图复楚。他跑到秦国去哀求秦哀公发兵救楚。秦哀公不愿出兵，申包胥大失所望。为了挽救楚国的危亡，申包胥坚持哀求秦哀公能发兵救楚，为此而在秦庭哭了七天七夜，最后使秦哀公受到感动，遂答应发兵救楚。

当秦国的救兵进入楚国境内以后，吴国大将孙武，考虑到楚国的疆土辽阔，人心又不服吴，吴军久留楚地，与之相持，对吴军不利。因此他主张遣使与秦国通好，为楚国另立新君，以安抚楚人之心。伍子胥对孙武的主张也十分赞同。但是，伯嚭对这个安吴之策坚决反对。他认为这样做是灭了吴国的威风，长了秦军的志气，因此对阖闾说："吴军自离东吴，一路破竹而下，五战而把楚国的都城拿下来了，并把其宗庙夷为平地。现在一遇到秦军，就想班师，是一种怯懦的表现。"为了表示自己的勇敢，他要求阖闾给他一万人马，与秦军作战，并表示要把秦军杀个片甲不留，若不取胜，甘当军令。

阖闾对他的决心表示赞赏，于是答应了他的要求。孙武和伍子胥还是劝阻他不要与秦国交兵，伯嚭执意不听，结果连战皆北，连他自己也被秦军三路包围，左冲右突，不能得出。幸得伍子胥领兵把秦军杀退，才把他救了出来。

这一仗，伯嚭所率领的一万人马，被秦军杀得所剩无几，损失惨重，他自知有罪，不得不叫人把自己捆绑起来去见阖闾。

孙武对伯嚭的恃勇无谋，深为恼火。他对伍子胥说："伯嚭为人矜功自任，久后必为吴国之患，不如乘此兵败，以军令斩之。"

伍子胥对此并没有表示赞同，而且为他求情说："伯嚭虽有丧师之罪，但有前功。况大敌当前，不可因小过而斩一员大将。"还亲自去奏请阖闾赦其罪。经过伍子胥的劝说，伯嚭才免受军令的制裁。

孙、伍二人以让楚收纳太子建之子为条件同楚谈和，随后率军满载楚国府库宝玉而回，又将楚国境内一万多家迁至吴国，以充实吴国空虚之地。

阖闾论破楚之功，以孙武为首。孙武不愿做官，坚请隐退山林。阖闾让伍子胥去挽留。孙武私下对伍子胥说："您知道天道吗？暑往则寒来，春还则秋至。王恃其强盛，四境无忧，必生骄乐之心。功成而不退，将来必有后患。我不只是想保全自己，并且想保全您。"可惜这番具有远见的话，伍子胥并不以为然。孙武于是飘然离开，沿途将吴王所赠金帛全部散给贫苦的百姓，后来不知其所终。

孙武走后，吴王立伍子胥为相国，为表示敬意，他效仿齐桓公与管仲之事，只呼其字而不称名。子胥地位之尊由此可见。

对于功劳亦不算小的伯嚭，吴王以其勇而恭顺，善体己意，使为太宰以掌管王家内外事务。这样，伯嚭同吴王接近的机会比伍子胥要多。虽然他不能同子胥之位相比，但他明白，只要能得到吴王的特别垂青，他就能得到吴王进一步重用。伯嚭氏家族血的教训也使他懂得，同国君关系亲密，对于保身是十分重要的。他不愿重蹈先人的覆辙。太宰之位，对于此时的他来说正称其心。

伐楚之后，伯嚭已在吴国站稳了脚跟，羽翼渐丰，在吴国也是独当一面的人物。因此，他对伍子胥虽然恭敬，但毕竟不像以前那样，俨俨然同伍子胥有了分庭抗礼之势，同时伯嚭也暗暗生了取伍子胥而代之、独揽吴国朝政的阴谋。

楚亡之后，伍子胥对楚平王鞭尸三百，费无忌、鄢将师已为囊瓦处死，囊瓦也自刎于郑国，伍、伯嚭二人之仇都已复清了，他们二人也失去了共同对敌的基础，二人之所求以及性格的差异，使他们的冲突和矛盾就不可避免地出现了。

这种斗争的结果，孙武已预见到了。他在私下对子胥的谈话中指出："王恃其强盛，四境无忧，必生骄乐之心。"这样一来，刚正不阿、以国为重的伍子胥同已有"骄乐之心"的吴王的冲突势所难免，其结果必为吴王所厌恨，给自己带来祸患。而替自身考虑较多、期望与王关系密切的伯嚭，由于能善体王意，投王所好，得吴王欢心自是意料之中事。这样一来，他同子胥的争斗就极易取得吴王的支持，从而取得最后的胜利。

伯嚭在危难之时得伍子胥的相助，在其应受军法制裁时又得伍子胥的相救，可以说伍子胥做到仁至义尽了。但是，伯嚭他只知图取个人的荣华富贵，把利益放在第一位，一旦他可以图取个人的荣华富贵，便把一切都置于脑后，不仅可以出卖国家利益，而且还会忘恩负义，加害恩人。

后来果不其然，在伯嚭的一再进谗下，吴王夫差终于杀了伍子胥，至此，伯嚭也清除了最大的政敌，成就了自己的权力梦。

在这里我们有理由痛恨伯嚭的忘恩负义，但伍员的察人不明也要承担应有的责任。像这种人在能够控制他的时候你偏要给他机会，被他反咬一口又怪谁。如果能制之则制之，不能制之则远离之，也不失为防范伯嚭之类小人的一个可行的办法。

把别人的信赖当进见礼

在圈子中，有些人你对他非常信赖，客客气气，他反而不把这种信赖当回事，认为你对他的信赖是缺乏处世经验的表现，是你人太老实，没有办事能力的表现，一旦这种人看轻了你的信赖，就会把这种信赖当做其前进的垫脚石，利用这种信赖做一些对你不利的事。

对于这种人，我们首先提高自己的警觉性，不要轻易信赖圈子中的那些你不熟悉的人，另外要提高对这种人的鉴别能力。

不论在古代还是在现实生活中，像这样辜负别人的信任和委托，甚至把这种信任和委托当做背叛这个圈子，投靠另一个圈子的筹码和进见礼的例子也并不少见。

　　王君廓本是个盗贼头子，投降唐朝后，凭借超绝的武艺和勇猛作战，立下了不少战功。然而真要谋取大官，更需要的是政治资本，所以王君廓的战功只换来一个不起眼的小官——右领军。王君廓不满现职，希望能在政治上找一样"奇货"，换一个大官，但这"奇货"到哪去找呢？

　　机会来了。唐高祖有个孙子叫李瑗，无谋无断，不但无功可述，还为李唐家族闹过不少笑话，但高祖因顾念本支，不忍心加罪，只是把他的官位一贬再贬。这一次高祖调任李瑗为幽州都督。因为怕李瑗的才智不能胜任都督之位，便特地命右领军将军王君廓同行辅政。李瑗见王君廓武功过人，心计也多，便把他当做心腹，许嫁女儿，联成至亲，一有行动，便找他商量。王君廓却自有打算，他想现成的"奇货"难得，何不无中生有造他一个？无勇无谋却手握兵权的李瑗，稍稍加工，其脑袋可不就是政治市场上绝妙的"奇货"吗？于是，他开始精心加工他的"奇货"了。

　　李世民发动"玄武门事变"，杀了太子李建成、齐王李元吉，自己坐上了太子之位。不少皇亲国戚对此事不敢公开议论，但私下各有各的看法。对于李世民做了太子之后，还对故太子、齐王都采取了"斩草除根"的做法，大家更是认为太过残忍。李世民对此，当然也是心里有数。王君廓为捞政治资本，对这一政治情形更是看得清清楚楚。于是，当李瑗来问他"现在该不该应诏进京"时，他便煞有介事地献计道："事情的发展我们是无法预料的。大王奉命守边，拥兵10万，难道朝廷来了个小小使臣，你就跟在他屁股后面乖乖地进京吗？要知道，故太子、齐王可是皇上的嫡亲儿子，都要遭受如此惨祸，大王你随随便便地到京城去，能有自我保全的把握吗？"说着，竟作出要啼哭的样子。

李瑗一听，顿时心里"明朗"了，愤然道："你的确是在为我的性命着想，但我的意图是坚定不移的。"于是李瑗糊里糊涂地把朝廷来使拘禁了起来，开始征兵发难，并召请北燕州刺史王诜为军事参谋。

兵曹参军王利涉见状赶忙对李瑗说："大王不听朝廷诏令，擅自发动大兵，明明是想造反。如果所属各刺史不肯听从大王之令，跟随起兵，那么大王如何成功得了？"

李瑗一听，觉得也对，但又不知该怎么办。王利涉献计道："山东豪杰，多为窦建德部下，现在都被削职成庶民。大王如果发榜昭示，答应让他们统统官复原职，他们便没有不愿为大王效力的道理。另外，又派人联系突厥，由太原向南逼近，大王自率兵马一举入关，两头齐进，那么过不了十天半月，中原便是大王的领地了。"

李瑗得计大喜，并非常"及时"地转告给了心腹副手王君廓。王君廓清楚，此计得以实施，唐朝虽不一定即刻灭亡，但也的确要碰到一场大麻烦，自己弄得不好要偷鸡不成蚀把米，赶忙对李瑗说："利涉的话实在是迂腐得很。大王也不想想，拘禁了朝使，朝廷哪有不发兵前来征讨之理？大王哪有时间去北联突厥、东募豪杰呀？如今之计，必须乘朝廷大军未来之际，立即起兵攻击。只有攻其不备，方有必胜把握呀！"

李瑗一听，觉得这才是真正的道理。便说："我已把性命都托付给你了，内外各兵，也就都托你去调度吧。"王君廓迫不及待地索取了信印，马上出去行动了。

王利涉得此消息，赶忙去劝李瑗收回兵权。可就在这时，王君廓早已调动了军马，诱杀了军事参谋王诜。李瑗正惊惶失措，却又有人接二连三地来报王君廓的一系列行动：朝廷使臣，已被王君廓放出；王君廓暗示大众，说李瑗要造反；王君廓率大军来捉拿李瑗……李瑗几乎要吓昏过去，回头要求救于王利涉，王利涉见大势已去，早跑了个无影无踪。

李瑗已无计可施，带了一些人马出去见王君廓，希望能用言语使王君廓回心转意。没想到，王君廓与他一照面，便把他抓了起来，不容分说就把他送给了朝廷。为了加官晋爵捞取更大的好处，把别人毫不设防的信赖，精心"制作"成一份见面厚礼，这样的感恩方式也算很特别了。

利益面前朋友靠边站的人

在我们的圈子中，既有为朋友两肋插刀的人，也有在利益面前朋友靠边站的人，对于前一种人，我们应该倾心与他交往，对于后一种人，我们要严加提防，防止这种人把你当做往上爬的人梯，这种人的结交都具有很强的目的性，他一见到你身上有他想要得到的利益，就会与你套近乎，然后慢慢成为你的知心朋友，可他一旦从你身上获得了他的利益，他就会毫不犹豫地把你一脚踢开，甚至会让你成为其利益的牺牲品。

东晋大将王敦因谋反被杀，他的侄子王应想去投奔江州刺史王彬；王应的父亲王含想去投奔荆州刺史王舒。王含问王应："大将军以前和王彬关系怎么样，而你却想去归附他？"王应说："这正是应当去的原因。

王彬在人家强盛时，能够提出不同意见，这不是常人能够做到的。到了看见人家有难时，就一定会产生怜悯之情。荆州刺史王舒是个安分守己的人，从来不敢做出格的事，我看投奔他没用。"王含不听从他的意见，于是两人就一起投奔王舒，王舒果然把王含父子沉入长江。

当初王彬听说王应要来，已秘密地准备了船只等待他们；他们最终没能来，王彬深深引为憾事。

蔺相如曾是赵国宦官缪贤的一名舍人，缪贤曾因犯法获罪，打算逃往燕国躲避。相如问他："您为什么选择燕国呢？"缪贤说："我曾跟随大王在边境与燕王相会，燕王曾握着我的手，表示愿意和我结为朋友。所以我想燕王一定会接纳我的。"相如劝阻说："我看未必啊！赵国比燕国强大，您当时又是赵王的红人，所以燕王才愿意和您结交。如今您在赵国获罪，逃往燕国是为了躲避处罚。燕国惧怕赵国，势必不敢收留，他甚至会把你抓起来送回赵国的。你不如向赵王负荆请罪，也许有幸获免。"缪贤觉得有理，就照相如所说的办，向赵王请罪，果然得到了赵王的赦免。

缪贤以为燕王是真的想和自己交朋友，他显然没有考虑自己背后的一些隐性因素，比如自己当时的地位、对燕王的利用价值，等等。可是现在他成了赵国的罪人，地位已经变了，交朋友的价值也就失去了，他贸然到燕国去，当然很危险了，蔺相如看问题可真是一针见血啊！

再看这样一个故事：晋国大夫中行文子流亡在外，经过一个县城。随从说："此县有一个啬夫，是你过去的朋友，何不在他的舍下休息片刻，顺便等待后面的车辆呢？"文子说："我曾喜欢音乐，此人给我送来鸣琴；我爱好佩玉，此人给我送来玉环。他这样迎合我的爱好，是为了得到我对他的好感。我恐怕他也会出卖我，以求得别人的好感。"于是他没有停留，匆匆离去。结果，那个人果然扣留了文子后面的两辆车马，把他们献给了自己的国君。

王舒、燕王、啬夫在友与利的选择上都看重后者，在他们眼里，情义二字不值分文，而且会成为自己的障碍，此一时，彼一时，此时的他只是必欲除友而后快了。

实际上，一个人是不是可以相交成为朋友，不可以等到大事当前再去判断，而应在平常的小事中就注意观察，这样可以防止临时抱佛脚。

东汉末年，管宁与华歆共同在汉末著名学者门下受业，二人非常要好。有一次两人在田里锄菜，捡到了一块金子，管宁视而不见，继续干活，而华歆则捡了起来，端详了一阵，然后才把它扔了。又有一次，两人正在房里读书，有贵人乘着车马自门外经过，非常热闹，管宁仍然静坐读书，华歆却扔下书本跑出去看。

管宁竟因这两件事便与华歆割席绝交，而他的清高也一直受到后人的称道。

管宁的境界的确比华歆高，不过作为朋友，管宁如果能帮助华歆提高一下境界，而不是武断地与他分手，不是更够朋友吗？

其实，华歆当时所作的两件事，在我们今天看来，根本不算什么大缺点，何况是在年幼无知的情况下？华歆捡了金子，后又将它扔掉，这说明他不过是一时的贪念所起而已。而后一次扔书出去看热闹的事，更是人之常情了。常言道"人非圣贤，孰能无过"。作为朋友，为什么不能相互体谅一下，并给予他改过自新的机会呢？

君子严于律己，宽以待人。管宁律己虽严，但待人不宽啊！在这一点上，管宁就比不上鲍叔牙了。

春秋时的管仲与鲍叔牙结为至交。两人合伙做生意，每次分红，管仲总是多拿一些。旁人不平，鲍叔牙却为他辩解说："管仲家里经济更困难，让他多分一些就是了。"

管仲打过几次仗，每次都是冲锋居后，逃跑当先。有人耻笑他，鲍叔牙又辩解说："管仲并不是怕死，他是考虑家有老母需要赡养啊。"

后来鲍叔牙跟随公子小白，小白当上了国君，就是齐桓公。而管仲因为帮公子纠与齐桓公争位，得罪了齐桓公，成了阶下囚。又是鲍叔牙向齐桓公极力推荐："管仲是个人才呀，他的能耐比我大多了。如果你想治理好本国，那我还能胜任，如果您想称霸，那非找管仲帮忙不可。"果然，管仲帮助齐桓公成就了霸业。

利益是一块试金石，山盟海誓不可信，利益面前见分晓。一头儿沉的人私心重，交友时碰到这样的人，千万别被他的花言巧语所迷惑。

只顾目的不管手段的人

有些人加入某个圈子，只是为了利用圈子来达到自己的目的，一旦达成自己的目的，他才不管圈子中其他人的利益，这种只求目的不管手段是典型的无赖哲学。按照常人的思路，不论我们要达到什么目的，都要采用合法、合理的手段，而不是为了达到目的而不择手段。而无赖哲学的思路是，把要达到的目的作为标尺，至于达成目的的手段，尽可以任意取舍。

最典型的例子就是王莽篡权的故事，王莽是汉元帝的皇后王政君的侄子。在元帝、成帝掌握朝政时，王氏家族利用外戚的身份，长期握有朝廷内外的军政大权。这一时期，社会矛盾十分尖锐，到处流传着"汤武革命"的流言，似乎汉朝的气数快要尽了。王莽瞅准机会，巧妙地伪装自己，在朝廷内外博得了好名声。

在王氏家族里，王莽的同门兄弟们都过着纸醉金迷、声色犬马的放荡生活，唯独王莽俭朴温顺，一副谦谦君子的模样。他的伯父王凤生病时，王莽亲自熬汤煎药，嘘寒问暖，整整一个多月没有脱衣解带睡觉，王凤十分感动，临终前嘱托妹妹王政君要关照好这位好侄儿。

不仅对伯父如此，王莽对母亲更是体贴入微。在王莽招待宾客的宴会上，经常可看到一位家臣出来要王莽请老夫人服药。于是王莽便在众目睽睽之下去后堂探问老母病情，亲自送上汤药。朝廷内外，因此都说王莽是孝子。

蝗灾之年，老百姓的生活过不下去了，纷纷卖地卖房、卖儿卖女，王莽却主动捐献100万钱、30顷土地，由国家财政大臣分给灾民。在他带头下，满朝公卿纷纷捐钱捐地，赈济灾民。大家都说王莽仁慈善良，是个好人。

在一片赞誉声中，王莽担任了大司马，掌握了朝廷大权。他为了捞取政治资本，敢于拿皇亲国戚"开刀"：他先把皇太后赵飞燕贬为皇后，后再降为庶人，迫使赵飞燕自杀；他还大封刘姓、王姓和功臣后裔为侯，给退休官吏增加俸禄，博得了上层贵族阶层的好感；他甚至"大义灭亲"，他的儿子王宇杀了一个奴婢，他当即迫使王宇自杀。于是，人人都说王莽是个公正的好官。

元始元年（公元 1 年），即平帝即位次年，远居南方的越裳氏献来了白雉。王莽党羽一阵鼓噪，说是吉兆，吹捧王莽安定汉室、德比周公，要求赐予安汉公的称号。王莽假意推托了一番，也就做了安汉公，不久又获得了宰衡重职。这时，太后王政君看出王莽有篡汉野心，但对羽翼丰满的王莽已无可奈何。元始五年（公元 5 年），王莽毒死了年仅 14 岁的平帝，拥立两岁的宣帝玄孙刘婴当皇帝，号为孺子，自己做了"摄皇帝"，并将年号改为"居摄"。

过了三年，王莽指使他的党羽放出风声，说王莽是真命天子，天命授意他做真皇帝。在党羽的鼓噪下，王莽宣布自己承受天命，迫不得已"即真天子位"，建国号为"新"，年号为"始建国"，就这样，王莽的新朝取代了汉朝。

像王莽这样打入汉朝统治阶级的圈子，就是为了谋求圈子领导者的地位，他们在未达成目的之前，往往装得比谁都更关心领导者，他们可以为领导者做任何事情。这样做的目的只有一个即博得领导者的信任，一旦时机成熟后，他们就会取领导者而代之。这种阴谋家尤其应当提防，以免上当。